KB275763

생각이 많은 10대를 위한

토론 배틀 논술 배틀

토론 배틀 논술 배틀

김희균 글 | 정민영 그림

나무생각

두 가지 점만 당부를 드린다

첫째, 이 책은 최근 5년간 연세대학교와 성균관대학교 인문 · 사회 과목 논술 고사 문제를 보고, 그 문제를 해설할 의도로 만들었다. 가령, 네 번째 토론 '비만'에서는 '비만은 개인의 책임이다', '아니다, 비만은 사회 구조적 문제다' 두 관점을 골고루 소개함으로써 비만 문제에 대해서 독자들이 더 잘 이해할 수 있도록 했다.

따라서 이 책을 읽은 다음에는 연세대학교와 성균관대학교 입학처 홈페이지에 들어가서 해당 연도 문제를 꼭, 풀어보기 바란다. 문제에서 묻는 게 무엇인지 잘 이해가 되고, 나름대로 답을 쓸 수도 있겠다는 생각이 들면 좋겠다.

둘째, 이 책에 나오는 90퍼센트 이상의 '정보'는 실제 논술 문제를 본 다음에 저자가 개인적으로 찾아본 논문에서 알게 된 것이다. 저자가 이미 알고 있었던 것은 대략 10퍼센트 정도밖에 되지 않는다. 따라서 혹시라도 다수 의견과 소수 의견의 근거에 대해 확인하고 싶거나, 더 많은 정보를 알고 싶은 분들은 menton@uos.ac.kr로 연락 주기 바란다. 해당 주제에 관해 저자가 읽은 논문을 공개할 것이고, 그 논문을 읽어 보면 더 많은 정보를 알 수 있을 것이다.

정말이지, 다른 어떤 책과도 달랐다.

이 책을 쓰는 내내, 즐거웠고 행복했다. 이 책을 읽은 독자 중 몇 명이라도 원하는 대학에 논술로 들어가는 데 보탬이 된다면 저자로서는 더한 기쁨이 없겠다. 그리고 본의 아니게 이름이 불린, 전국의 수빈이와 은솔이, 재우 등에게 미안하다는 말을 전하고 싶다. 다들 이 세상에서 잘되기를, 그리고 어디서든 잘 살고 있기를 기도한다.

서울시립대학교 로스쿨 연구실에서

김희균

차례

작가의 말

첫 번째 토론_ 약물 중독
중독은 절대 벗어날 수 없는 덫일까? 8

두 번째 토론_ 명예
죽은 자는 자신의 묘비명을 알지 못한다 23

세 번째 토론_ 소문
뜬소문과 고급 정보 37

네 번째 토론_ 비만
문제는 불평등이야! 54

다섯 번째 토론_ 기초 과학과 응용 기술
과학자 다빈치의 조개 수집 취미 71

여섯 번째 토론_ 경쟁

애들 먼저 먹으라고 해라! 85

일곱 번째 토론_ 예약

너희가 총을 들 때, 우리는 악기를 든다! 103

여덟 번째 토론_ 본성

사람이 원래 이기적인 이유 120

아홉 번째 토론_ 현실

선진국들이 책임을 질 거라는 믿음 139

열 번째 토론_ 학교

갈림길에서 선택을 돕는 기준 160

중독은 절대 벗어날 수 없는 덫일까?
약물 중독

– 2019학년도 연세대학교 논술 기출문제 참조

이재우.

내 짝이자, 우리 학교 게임광이다. 처음 이름을 들었을 때 촌스럽다는 생각을 했다. 어떻게 눈치를 챘는지 묻지도 않았는데 재우는 이렇게 토를 달았다.

"우리 아버지가 지어 주신 이름이야. 두산베어스 투수."

"오, 그래? 아버지가 두산베어스 팬이야?"

"아니, 엘지트윈스. 골수 엘지 팬인데?"

"그런데 왜 남의 팀 투수 이름을? 그것도 라이벌 팀을?"

"그때 엘지 투수는 한 놈도 마음에 드는 놈이 없으셨대. 다 공이 빌빌거린다고. 그런데 상대편 투수 공이 포수 미트에 팍팍 꽂혔대. 그래서 우리 아들도 저렇게 시원시원한 놈이 되라고 상대

팀 투수 이름을 지어 주신 거지."

나는 그 말을 듣고 재우의 엉뚱한 면이 어디서 왔는지 금세 이해가 됐다.

나는 재우의 게임 사랑에 무슨 문제가 있다고 생각하지 않는다. 다만, 내가 게임을 못할 뿐이다. 그래서 별로 관심이 없다. 그런데도 재우는 내가 게임 얘기를 꺼낼 때마다 발끈거리곤 했다.

"혹시 그거 알아? 게임은 도박이 아니야. 산업이지. 반도체, IT 산업, 이런 거 말이야. 실제로 우리나라 신성장 사업 중 하나로 국가가 인정한 적도 있어. 자라나는 애들한테 너무 좋지. 두뇌 발달에 그만이거든."

그러면서 우쭐대는 꼴이 약간 보기 싫었다. 그래서 불쑥 이런 말이 튀어나왔다.

"오, 그래? 그런데 너는 왜 발달이 없냐?"

해 놓고 보니 너무 심한 말이라 아차 싶었다. 큰 차이는 없지만, 나는 그래도 공부를 좀 하는 쪽이고, 재우는 그렇지 않은 쪽이다. 성적으로 편을 나누는 것은 우리 사이에 엄연한 금기다. 그래도 그런 내 도발을 아무 일 아니라는 듯이 받아 준다. 그게 또 재우의 매력이다.

"너, 두뇌가 얼마나 복잡한지 모르는구나? 좌뇌, 우뇌는 아냐? 그 사이에 다리가 있는 건 알고? 잘 들어! 공부 뇌와 게임 뇌는 달

라. 공부 뇌는 아래쪽, 너처럼. 게임 뇌는 위쪽, 나처럼. 오케이?”

그날 우리 둘이 그런 얘기를 주고받았던 이유는 토론 주제가 ‘중독’이었기 때문이다. 재우는 게임과 중독은 아무 관련이 없다는 주의였다. 하지만 말은 그렇게 해 놓고도, 속으로는 뭔가 켕기는 게 있는 모양이었다. 평소 같으면 벌써 잠에 빠져 있어야 할 시간인데, 전혀 그럴 기미가 없었다. 선생님이 설명을 시작했다.

“중용(中庸)이라는 단어에서 앞 글자는 가운데 ‘중’ 자입니다. 하지만 중용이라는 게 가운데를 유지하자는 뜻은 아닙니다. 적절하게 유지하자, 이런 뜻입니다. 원래 적절한 게 제일 어렵잖아요, 그렇죠? 자, 오늘은 중독 문제입니다. 스마트폰 중독이나 마약 중독에서 벗어나기 위해 유교에서는 중용의 덕을 배우라고 합니다. 뭐든 적당한 게 좋다는 뜻이지요.”

먼저 동우가 나섰다. 우리 반 공식 꼰대다. 유교나 중국 철학, 이런 쪽은 동우가 전문가다. 동우의 가장 큰 장점은 메시지가 ‘묵직’하다는 데 있다.

마약은 유전자에 박힌다고 합니다. 이런 실험을 한 적이 있습니다. 마약에 중독된 환자와 일반인을 비교하는 게 아니고, 중독된 환자의 형제자매와 일반인을 비교해 보았습니다. 형제자매 중 마약 중독자가 있는지 여부에 따라 중독에 취약한지, 중독 위험이 높은지 보는 거지요. 그랬더니 중독된 환자의 형제자매 쪽의 위험성이 일반인보다 훨씬 높았습니다. 본인이 마약을 한 것도 아닌데 왜 중독 위험성이 높을까요? 유전자에 적히기 때문입니다. 부모로부터 받은 유전자에 이미 중독 성향이 새겨져 있습니다. 동생은 그 유전자에 끌려 마약을 한 거고, 형은 아직 안 하고 있는 것만 다릅니다. 형도 하게 될 가능성이 높습니다.

마약이 그렇게 무섭습니다. 마약을 하고 나면 유전자가 바뀝니다. 그래서 내가 마약을 한 적이 있다면 끊었다고 해도 자식이 그 유전자를 물려받습니다. 내가 간신히 끊은 마약을 자식들이 하고 있는 걸 보면 부모 마음이 어떨까요? 마약은 사람을 절대로, 그냥, 쉽게 놓아주지 않습니다.

마약에는 크게 두 가지가 있습니다. 하나는 진통제고, 하나는 각성제입니다. 아픔을 잊게 해 주는 마약이 있고, 에너지를 충전시키는 마약이 있습니다.

모르핀은 아픔을 잊게 하는 약물입니다. 그리스 꿈의 신 '모르페우스'의 이름을 따서 모르핀이라고 불렀습니다. 그걸 맞으면 아픔이 사라집니다. 아프다는 느낌 자체를 못 받습니다. 그래서 전쟁 통에 무수히 많은 병사들이 모르핀을 맞았습니다. 의무병의 필수품이었지요. 모르핀은 뇌를 마비시켜 고통을 느끼지 못하게 해 주지만 고통 자체를 없애지는 못합니다. 그래서 약효가 떨어지면 엄청난 고통을 맞게 되는 부작용이 있습니다. 아픈 부위가 근본적으로 치료된 건 아니니까요. 그냥 뇌를 속인 겁니다.

모르핀 중독자가 전쟁 후에 속속 생겨났습니다. 하지만 수백 만 명이 모르핀을 맞았어도 다 중독되는 건 아닙니다. 대다수의 사람들은 그걸 극복하고 정상적으로 살아갑니다. 암 환자도 마찬가지입니다. 그들도 모르핀을 맞습니다. 하지만 암을 극복하듯이 모르핀에서도 벗어납니다. 왜 그럴까요? 그건 바로 그들이 사람이기 때문입니다. 우리 뇌의 어딘지 알 수 없는 부위에 신비로운 힘이 있습니다. 참고 견디는 힘입니다. 참아야 할 때다, 그러면 참습니다. 아파도 참고, 목말라도 참고, 먹고 싶어도 참고, 고통스러워도 참습니다. 동물과 다른 점이 그겁니다. 그걸 유교에서는 '중용'이라고 합니다. 중용은 한마디로 참는 겁니다. 마약이 아무리 세도, 중독이 아무리 끈질겨도, 우리는 참을 수 있습니다. 동양 철학에서만 주장하는 게 아닙니다. 플라톤도 이런 말을 했습니다. 인간에게는 이성이 있고, 욕망이 있고, 기(spirit)가 있다고요. 그 '기'가 우리의 욕망을 제어하는 역할을 합니다. 참게 한다는 뜻입니다. 그래서 중독에서 벗어날 희망이 있습니다. 저는 그런 뇌의 힘을 믿습니다.

동우 입에서 플라톤 얘기가 나올 줄은 몰랐다. 그날은 그게 제일 놀라웠다. 동우가 영어 사전을 뒤지면서 플라톤을 읽는다? 나는 동우의 발표를 들으면서 그런 모습이 떠올라 피식 웃었다. 동우도 이제는 변할 때가 되기는 했지.

하지만 동양 철학에서 '기' 같은 것은 뭔가 설명할 수 없는, 애매한 개념으로 두는 게 낫지 않을까 싶다. 굳이 플라톤, 아리스토텔레스를 찾아서 과학적으로 맞춰 볼 일은 아닌 것 같은데……. 그런 생각을 하면서 동우의 뇌 강의를 곱씹어 보았다.

다음은 은솔이 차례다.

은솔이가 끼어들면 얘기가 엉뚱한 데로 흐르곤 한다. 은솔이는 중용의 덕으로는 어쩔 수 없을 만큼 중독 물질의 힘이 세다는 주장을 폈다. 그런데 그러던 중에 느닷없이 미국 의료비 얘기를 꺼냈다.

미국은 의료비가 비싼 나라입니다. 의사를 만나 진료를 받는 값만 비싼 게 아닙니다. 약값도 비쌉니다. 의사도 그걸 잘 압니다. 그래서 환자한테 주로 값이 싼 약을 줍니다. 효과가 안 좋아도 별수 없습니다. 환자가 바라는 건 적당한 약효가 있는 싼 약이기 때문입니다.

그런데 진통제 펜타닐은 값이 싼데 효과까지 아주 좋습니다. 의사가 처방전을 쓸 때 주저할 이유가 없습니다. 펜타닐이 위험한 이유는 그겁니다. 진통제 펜타닐은 마법의 약입니다. 모르핀보다 센 게 헤로인이고, 그것보다 더 센 게 펜타닐입니다. 원래 말기 암 환자에게 쓰던 약입니다. 다른 약으로는 고통을 벗어날 방법이 없는 사람이 마지막에 쓰던 약입니다. 벨기에 얀센 제약의 창립자인 폴 얀센이 만들었습니다. 펜타닐을 욕할 게 아닙니다. 노벨상을 줄 만한 약이 바로 펜타닐입니다.

펜타닐의 문제는 약효가 좋아도 너무 좋다는 데 있습니다. 다른 진통제는 주사로만 투여할 수 있는데, 이 약은 파스처럼 붙여도 됩니다. 바로 펜타닐 패치입니다. 아주 소량만 넣어도 많이 넣은 것 같은 효과가 나옵니다. 투약하는 방법도 다양합니다. 의사 처방을 받아서 가지고 있다가 퍼뜨리기 딱 좋습니다. 사탕에 조금 넣어도 되고, 물에 조금 넣어도 되고, 술에 조금 넣어도 됩니다. 다른 마약은 한 번 투여하는 데 20달러가 드는데, 펜타닐은 1달러밖에 안 듭니다. 효과는 100배고요. 무슨 얘기냐면, 약이 아주 작다는 얘기입니다. 1인분이 아주 작습니다. 쌀알과는 비교도 안 되고, 좁쌀의 6분의 1밖에 안 됩니다. 너무 작아서 수사 기관이 잡아낼 수가 없습니

Fentanyl
처방전
펜타닐 100μg/h
1매
【마약】
펜타닐
구해요
₩입금
펜타닐
팝니다
구하는법

다. 그래서 지금 미국은 펜타닐 천지가 됐습니다.

펜타닐과 같은 마약은 사람의 힘으로 거스를 수가 없습니다. 동우 말이 맞습니다. 사람은 동물과 달리 물을 마시고 싶어도 참을 수 있습니다. 하지만 그건 물질이 물일 때 얘기입니다. 아니, 코카 이파리 정도도 참을 수 있습니다. 하지만 그보다 10배 이상 농축한 마약 코카인을 참기는 쉽지 않습니다. 그리고 다시 그것보다 10배 센 게 있다면 그것도 참을 수 있을까요? 그 맛을 본 사람이 그걸 끊을 수 있을까요? 모르핀을 처음 맞던 순간을 잊지 못하는 사람들이 아주 많습니다. 꿈만 같았다고 합니다. 그런데 그보다 100배 센 펜타닐은 어떨까요? 우리가 상대할 마약은 모르핀이 아니라 펜타닐입니다.

중독은 일종의 함수입니다. 내가 있고, 약이 있고, 둘이 접촉하면 중독이 됩니다. 그래서 나를 키우면 약이 세도 이길 수 있다고 말합니다. 하지만 펜타닐은 안 됩니다. 약이 너무 셉니다. 나라는 변수는 아무 의미가 없습니다. 그래서 접촉을 안 하는 것 외에는 방법이 없습니다. 실수로라도 만나지 말아야 합니다.

마약에 대한 은솔이의 주장이 폭포처럼 아이들 귀를 스쳐 갔다. 어디에선가 반박할 부분이 있었을 것 같은데, 속도가 너무 빨라 저절로 빨려 들어갈 수밖에 없었다. 그냥 위키피디아 같은 걸 보고, 책을 들춰 봐서 저 정도 발표를 할 수 있을까 그게 의문스러웠다. 따로 특훈이라도 받나? 집에서? 부모님과 얼마나 오랜 시간 토론을 거쳐야 저런 농익은 주장이 나올까? 아버지가 유명한 대학병원 교수라는데, 그런 분이 그럴 시간이 있을까? 옆에 앉은 재우도 나와 비슷한 생각을 하고 있었던 것 같다.

"쟤는 점점 더 이상해지지 않냐? 무슨 강연 듣는 것 같아."

재우 말이 맞다. 우리끼리 더듬더듬 말다툼하는 차원을 훨씬 넘었다.

선생님은 고개를 두어 번 젓더니 교탁 위에 놓인 자료를 꺼냈다. 그러고는 몸을 돌려 칠판에 이렇게 썼다.

$$중독 = 숙주(host) , 병인(pathogen) , 환경(environment)$$

"은솔이가 말한 것처럼 중독은 우리가 겪은 전염병 코로나와 비슷합니다. 중독이 얼마나 심한가는 숙주인 개인이 중독 물질에 얼마나 취약한가, 중독 물질인 병인이 얼마나 강력한가, 또 병인과 숙주의 접촉 가능성이 얼마나 높은가에 달려 있습니다. 이걸 중독에 관한 '숙주-병인-환경 모델'이라고 합니다. 이 가운데 동우는 숙주에 관한 얘기를 한 거고, 은솔이는 병인과 환경에 관한 얘기를 한 거죠. 여기서 말하는 환경이란 중독 물질과의 접촉 가능성을 말하는 거고요. 사람들이 약해지고, 물질이 세지고, 구하기가 쉬워지면 중독이 많아질 겁니다. 지금이 딱 그런 때가 아닐까 싶네요."

선생님의 말씀을 듣는 동안 아이들의 표정이 어두워졌다.

"이런 얘기를 들은 적이 있습니다. 우리 몸과 우주는 구성 물질이 같다고요. 비율만 정반대로 하면 몸이 우주가 된다고 합니다. 여러분을 '작은 우주'라고 부르는 이유가 그것입니다. 여러분의 몸은 다 준비가 되어 있습니다. 아픔도, 괴로움도 참을 수 있습니다. 여러분이 스스로를 못 믿을 뿐입니다. 몸은 얼마든지 자신이 있는데, 여러분이 지레 겁을 먹고 있는 겁니다. 부딪치고, 깨지고, 터져도 얼마든지 다시 일어설 수 있습니다. 이물질 몇 개 들어와도 다 견딜 수 있습니다. 잠깐 영향을 줄 뿐, 우주는 달라지지 않습니다. 그런 생각을 해야 합니다. 전염병도 마약도, 감기도, 중독도, 다 약한 숙주를 노립니다. 약해지면 안 됩니다. 내가 우주다, 이런 생각으로 나가서 툭툭 부딪치면 됩니다. 그게 삶입니다. 살아 보면 별것도 아니고요. 그깟 약 덩어리도 마찬가지입니다. 그렇게 믿고 싶습니다."

교실에 있으면 나의 상상은 늘 바깥으로 향한다. 마약에 빠져서 모든 것을 잊고 싶을 만큼 힘든 세상이 있을 것이다. 하지만 힘들다고 모두 마약을 하지는 않는다. 누구는 약물과 술독에 빠저 있을 때, 누구는 묵묵히 자기 일을 한다. 그게 가능할 것 같지 않은데, 가능한 사람들도 있다. 아프지만 견디며 살아가는 사람들이 있다.

선생님은 결국 동우 편을 들어 주었다. 하지만 동우 말이 꼭 옳다고 생각해서 그런 건 아닌 것 같다. 학교 근처까지 약 파는 사람들이 어슬렁거린다는 얘기가 들리고, 아이들이 많이 불안해하던 때였다. 특히 음료수에도, 사탕에도 탈 수 있는 마약이라는 은솔이의 말에 아이들 모두 시름이 깊었다. 선생님은 그런 분위기를 반전시키는 것이 먼저라고 생각한 게 아닐까?

'여러분은 작은 우주다!'라는 말은 주문처럼 따뜻하게 우리를 감쌌다.

사람의 몸은 약국과 같다. 필요한 때 약이 나온다. 진통제가 나온다. 그게 바로 엔도르핀, 뇌에서 나오는 모르핀이다. 그래서 굳이 바깥에서 모르핀을 주사할 필요가 없다. 내 몸속에 있는 엔도르핀을 가지고 버티면 버틸 수 있다. 그런데 숙주가 약해지면 더 강한 약물을 찾는다. 그래서 모르핀을 찾는다. 그렇게 바깥에서 들어오는 모르핀에 의지하는 것, 그걸 약물 의존증 또는 중독이라고 한다. 모르핀에 중독이 되면 더 이상 뇌에서 엔도르핀이 나오지 않는다. 모르핀에 더 기댈 수밖에 없다. 그러다가 모르핀이 더 들어오지 않으면 전보다 몇 배 더한 고통을 느낀다.

도파민도 마찬가지다. 힘을 주고 기분을 좋게 하는 호르몬 도파민이 우리 뇌에서 나온다. 밥을 먹어도 나오고, 재미있는 영화를 봐도 나오고, 게임을 해도 나온다. 그런데 사람 욕심에 그게 나와서 뇌 안에서 더 오래 있게 하고 싶다. 그래서 주사하는 게 암페타민이다. 암페타민을 주사하면 도파민이 더 오래 뇌 속을 돌아다녀서 힘이 더 나고, 기분이 더 좋다. 그러다가 아예 도파민을 통째로 뇌에 부어 버릴 수도 있다. 기분 좋은 정도가 몇 배가 된다. 그게 바로 메스암페타민, 필로폰이다. 제2차 세계 대전 때 군인들에게 먹인 약이다. 필로폰에 중독되면 뇌는 더 이상 도파민을 생산하지 않는다. 심각한 우울증에 빠지고, 심각한 장애를 겪을 수 있다.

중독은 결국 우리 몸과 약의 싸움이다. 몸이 약해지면 약에 의존하게 되고, 몸은 다시 더 약해지는 악순환이 반복된다. 중요한 것은 숙주인 우리가 얼마나 강한가 하는 점이다. 숙주가 강하면 중독에 빠지지 않을 수 있고, 중독에 빠지더라도 결국 빠져나올 수 있다.

"가자, 가자, 가자!"

선생님이 나가기가 무섭게 재우가 가방을 쌌다. 하교 시간만

되면 재우의 모든 움직임이 빨라진다. 누군가 바깥에서 자기를 부르는 것처럼 교실 밖을 힐끔거리기까지 한다. 꼬맹이들보다 늦게 가서 게임 자리가 없는 게 아마도 재우에게는 가장 큰 스트레스인 것 같다. 교실을 나설 때 표정은 아침과는 전혀 딴판이다. 생각만 해도 벌써 도파민이 콸콸 쏟아져 나오는 모양이다. 재우가 한번은 이런 말을 한 적이 있다.

"엄마가 피방 못 가게 하면 나는 상상으로 게임을 해. 근데 실제 하는 것하고 차이가 없어. 이런 게 바로 상상력 아닐까?"

나는 '그게 중독이다, 인마!' 하고 말해 주고 싶었다.

재우는 운동장을 반도 더 남긴 지점에서 먼저 간다면서 속도를 냈다. 재우가 교문을 향해서 뛰어가는 순간 나는 재우의 팔 하나가 검으로 바뀌고, 등에 멘 가방이 화살통으로 바뀌는 걸 본 듯했다. 그러고 나서 재우의 온몸에서 철갑이 돋았다. 재우는 교문에 이르러 커다란 화면 속으로 빨려 들어가듯 휙 사라졌다.

재우의 게임 중독도 공식은 같다. 재우는 숙주, 병인은 리그 오브 레전드, 환경은 피시방이다.

저 '숙주'가 지금 더할 나위 없이 행복해 보인다.

같은 생각 다른 생각

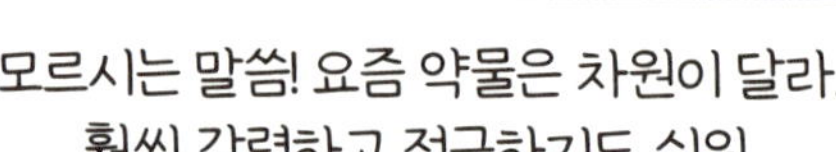
약물 중독? 난 끊을 수 있다고 봐.
사람의 의지로 못 해낼 게 어디 있어?

모르시는 말씀! 요즘 약물은 차원이 달라.
훨씬 강력하고 접근하기도 쉬워.

우리는 작은 우주라니까, 그깟 약물 정도야 뭐.

좁쌀의 6분의 1 정도로도 효과는 백 배고,
중독까지는 단숨에 진행돼.

결론은 근처에도 가지 말아야 한다는 거지?

죽은 자는 자신의 묘지명을 알지 못한다

명예

– 2019학년도 연세대학교 논술 기출문제 참조

어쩌다 보니 단짝이 되는 경우가 있다. 나와 재우, 상수가 딱 그런 경우다. 재우와 상수는 아무 일이 없어도 내 곁에 모인다. 그리고는 시답잖은 온갖 얘기들을 늘어놓는다. 그 가운데 오늘은 때 아닌 아티스트 논쟁이 붙었다. '아임피어리스'라는 아이돌에 흠뻑 빠져 있는 상수와 음악에는 별로 관심이 없는 재우의 설전이었다.

"우리 아티스트들을 우습게 보지 마라. 그건 나를 우습게 보는 거다."

상수가 재우에게 비장한 목소리로 경고했다. '아티스트'라는 말에 나는 푹 웃음이 나왔다. 상수가 이번에는 내 쪽으로 고개를 돌렸다.

“왜? 내 말이 웃겨?”

“아니, 아니야. 나도 그 그룹 좋아해. 노래가 예술이잖아.”

그 한마디에 금세 또 표정이 환하게 밝아진다. 상수는 속이 없어서 꼬이는 법도 없다. 하지만 그렇다고 해서 본질이 바뀌는 건 아니다. 상수와 재우의 논쟁에서는 딱히 배울 게 없다. 가령, 상수는 대중 예술도 예술이라는 주장을 이런 식으로 펼친다.

“우리나라를 봐. 옛날에는 궁중 예술과 민속 예술로 나눴어. 그치? 그래서 궁중 예술은 고급 예술, 민속 예술은 대중 예술, 이렇게 말한 거야. 그런데 지금 궁중이 있어? 있어? 왕이 있냐고? 그러니까 지금은 대중 예술이 예술이야.”

들어도 전혀 설득이 되지 않는 그런 논쟁들이 오간다.

“야, 그래도 댄스곡이 무슨 예술이냐? 그럼 파리도 새냐?”

재우도 자기 생각을 막 던진다.

“뭐? 우리 아티스트들이 파리란 말이야?”

“파리가 어때서? 파리도 날개 있어. 인마!”

대화는 이상한 방향으로 흐르기 일쑤다. 그래서 내 주위는 늘 시끄럽다. 내가 자꾸 창가 쪽으로 고개를 돌리거나 같이 길을 가다가 슬그머니 골목길로 새는 이유가 그것이다. 나는 선천적으로 큰 소리를 싫어한다. 굳이 그런 대화에 낄 이유는 없다고 생각하는 편이다.

　　BTS가 세계적인 그룹이 되면서 대중 예술과 예술의 경계가 뭔지 헷갈려 하는 사람들이 있다. 지금은 고전의 지위에 있는 셰익스피어의 작품도 당시에는 대중을 위한 희곡이었다는 얘기도 있다. 무엇이 진짜 예술이고, 무엇이 대중 예술인지, 나도 속 시원한 해답을 얻고 싶다. 비틀스를 예술가라고 부를 수 있을까? 그게 내가 오래전부터 해 온 고민이다. 맞다고 말할 자신도 없고, 아니라고 말할 자신도 없다. 과연 대중 예술에 반대되는 고급 예술이란 무엇인지, 생각할수록 점점 더 머릿속이 꼬여 갔다.

　　이런저런 생각을 하게 된 이유는 오늘 토론 주제가 '명성과 명예'이기 때문이다. 듣자마자 아이돌 드라마가 떠올랐다. 명성을 얻는다는 건 BTS처럼 예술로 유명해지는 것이 아닐까 하는 생각이 들었다.

　　그런데 그날 토론은 내가 전혀 생각지도 못한 방향으로 흘러갔다. 현우 덕분이었다. 현우의 말은 뭐랄까, 스님들이 죽비로 어깨를 세게 내려치는 것 같다. 내가 뭔가 잘못 생각하고 있구나 하는 깨달음을 줬다. 죽비로 맞은 자리가 아프다기보다는 신선하고 개운했다. 상수와 재우가 말하는 수준과는 전혀 비교가 되지 않았다.

　　먼저 선생님이 토론 주제에 대해서 설명했다.

"탈무드에 이런 말이 있습니다. 사람에게는 세 개의 이름이 있다. 하나는 부모님이 지어 주신 이름이고, 다른 하나는 친구들이 지어 준 별명이고, 마지막 하나는 죽은 다음에 사람들이 붙여 주는 이름이라고요. 이 가운데 세 번째 이름, 즉 사람들이 붙여 주는 이름은 명성일까요, 명예일까요? 명성과 명예의 차이는 무엇일까요? 우리는 명성을 좇아서 살아가야 할까요, 아니면 명예를 좇아 살아가야 할까요?"

선생님의 말을 들으면서 '아, 명성(名聲)과 명예(名譽)에 모두 이름 명 자가 들어가는구나!'라는 생각을 했다. 그게 무슨 차이일까 궁금해졌다. 먼저 수빈이가 말을 꺼냈다. 명성보다는 명예가 중요하다는 취지였다.

'명성'이라는 뜻의 영어 단어 '페임(fame)'은 라틴어 '파마(fama)'에서 온 것입니다. 로마 신화에서 파마는 소문의 신입니다. 즉, 명성은 사람들 사이에서 소문이 돈다는 뜻입니다. 그래서 유명해지는 겁니다.

보통 사람이 어떤 일에 탁월한 능력을 보이면 친구들 간에 유명해지고, 더 나아가 동료들 간에 유명해지고, 시장에서 유명해집니다. 그러다가 같은 분야뿐만 아니라 일반인들에게도 유명해지는 때가 있습니다. 어떤 화가가 그림을 잘 모르는 사람들에게도 화가로서 유명해지는 것, 그걸 '명성'을 얻는다고 합니다.

하지만 명성은 늘 좋은 뜻만 있는 것은 아닙니다. 유명해지는 이유가 꼭 좋은 것만 있는 건 아니기 때문입니다. 가령 희대의 살인마에게는 악명이 쌓입니다. 그것 역시 명성입니다. 명성은 이유를 따지지 않습니다. 또 실속과도 상관이 없습니다. 유명한 건 알겠는데, 왜 유명한지 모르는 경우도 많습니다. 그래서 우리 조상들은 '허명을 좇지 말라'고 했습니다. 가짜 명성을 좇아 살지 말라는 뜻입니다.

명성보다 훨씬 더 중요한 것은 명예입니다. 저는 탈무드에서 말하는 이름은 명예라고 생각합니다. 명예는 사람의 이름에 거는 외부의 기대 같은 것입니다. '저 사람은 명예로운 사람이다'라는 말은 '저 사람은 훌륭한 사람이다'라는 뜻입니다.

법에 명예 훼손죄라는 게 있습니다. 어떤 사람의 명예를 훼손하는 것은 범죄가 됩니다. 명예는 일종의 재산입니다. 명예를 훼손하는 것은 남의 가치를 낮추어 손상시키는 것입니다. 그래서 범죄라고 합니다. 명성은 없을지 몰라도, 그래서 유명하지 않을지 몰라도, 우리 모두 명예를 가지고 있습니다. 우리에게 거는 외부의 기대치가 있습니다. 그것에 걸맞은 삶을 살아야 합니다. 자기에게 주어진 기대나 직분에 충실한 삶을 사는 것입니다. 명성에 연연하지 말고, 명예를 소중히 여기면서 살아야 합니다. 이런 이유로 저는 명성보다는 명예가 중요하다고 생각합니다.

한쪽 말을 듣고 다른 쪽 말을 기다릴 때, 기대되는 경우와 그렇지 않은 경우가 있다. 먼저 들은 노래가 너무 좋으면 다음 노래를 들을 때는 마음을 조금 내려놓는 것과 같다. 그런 면에서 보면 수빈이의 발표는 흠잡을 데 없이 완벽했다. 명성과 명예가 어떻게 다른지, 그중에서 뭐가 더 가치 있는 것인지 수빈이만큼 알기 쉽게 설명할 사람이 또 있을까 싶었다. 그래서 그날 현우의 발표가 더 놀라웠다. 현우는 명성이나 명예보다 더 중요한 게 있다고 말했다.

저도 기본적으로 수빈이의 생각과 같습니다. 명성보다는 명예가 중요하다고 생각합니다. 명성은 경박하고, 명예는 묵직하다고 할까요? 하지만 한 가지 마음에 걸리는 게 있습니다. 과연 명예로운 삶이 훌륭한 삶일까 하는 점입니다.

제가 아는 게 정확한지는 모르겠습니다만, 명예라는 뜻의 영어 단어 '아너(honor)'는 본래 왕이 영주에게 주던 땅, 즉 '봉토'라는 뜻을 가지고 있다고 합니다. 전쟁에 나가서 공을 크게 세운 사람에게는 많이 주고, 작게 세운 사람에게는 적게 주는 것, 그게 명예입니다. 프랑스에는 레지옹 도뇌르(legion d'honneur)라고 불리는 '명예 훈장'이 있습니다. 프랑스에서 정치·경제·문화 등의 발전에 공을 세운 사람, 즉 명예가 높은 사람에게 주는 훈장입니다. 지금까지 전 세계에서 92,000명이 이 명예 훈장을 받았습니다.

이처럼 명예는 국가가 매기는 등급이라는 의미가 있습니다. 그래서 어떤 사람들은 발끈하기도 합니다. 당신이 뭔데 나를 등급으로 매기느냐고요. 실제로 레지옹 도뇌르 훈장을 거부한 사람들이 여럿 있습니다. 우리가 잘 아는 장폴 사르트르가 그랬고, 물리학자 퀴리 부부가 그랬습니다. 토마 피케티라는 경제학자는 나폴레옹이 만든 이 훈장을 거부하면서 이렇게 말했습니다.

"국가는 누가 명예로운지 아닌지 판단할 권한이 없다."

명예는 일종의 지배술입니다. 국가가 주는 계급입니다. '너는 선비를 하고, 너는 장사를 하고, 너는 대장장이를 하고, 너는 농사를 지어라. 그 일을 잘하는 게 명예다.' 이렇게 말합니다. 조선의 사농공상 제도도 국가가 지정해 준 명예가 아닐까 싶습니다. 왕은 편합니다. 명예를 주면서 여러 가지 일을 시키면 되니까요.

TIME
93274

그러다가 전쟁이 나면 이렇게 말하기도 합니다. '전투기를 타고 가서 미국 전투기에 가서 부딪쳐라. 그게 명예다.'라고요. 일본 사람들이 명예를 중시하는 이유가 있습니다. 그렇게 배웠기 때문입니다. 목숨을 초개(풀과 티끌)와 같이 버리는 것, 일본 사람들에게는 그게 명예입니다.

사람은 죽어서 이름을 남긴다는 말이 있습니다. 명예를 남기라는 뜻입니다. 저는 그 말에 반대합니다. 살아서 행복한 것보다 죽어서 명예로운 게 더 중요하다는 말로 들리기 때문입니다. 저는 명예보다는 지금 이 삶이 중요하다고 생각합니다. 죽어서 명예로운 게 뭐가 중요합니까? 내가 이 삶에서 먼저 행복하고, 내가 이 삶을 충실히 살면 되는 겁니다. 신이 우리에게 목숨을 준 이유는 명예를 위해, 초개와 같이 버리라는 뜻이 아닐 겁니다. 오히려 삶을 소중하게 생각해서 후회 없이 살라는 뜻이 아닐까요?

사람들에게 명예를 강조해서는 안 됩니다. 그건 앞뒤가 바뀐 겁니다. 삶이 있고 명예가 있습니다.

'네 삶을 살아라. 그게 명예다.' 이렇게 가르쳐야 합니다.

현우의 말을 들으면서 '벚꽃도 7일이면 진다. 네 삶도 이제 질 때가 되었다.'고 말하며 병사들을 죽음으로 떠미는 일본의 군국주의자들이 떠올랐다. 명예에도 그런 음모가 있다고 생각하니까 오싹한 느낌이 들었다. 명예 때문에 목숨을 버리고, 명예 때문에 사람을 죽이는 일에 우리가 익숙해져서는 안 된다는 생각, 그게 머릿속에서 울리는 종소리처럼 댕댕거렸다.

선생님도 현우의 지적에 십분 동의하는 표정이었다. 그리고 많이 놀란 눈치였다.

"후유, 잘 들었어요. 숨 좀 고르고요. 자, 여기 칠판에 띄운 표는 1988년과 2024년 직업을 보는 사람들의 관점 변화입니다.

직업을 선택할 때 가장 중요하게 보는 것은?		
선택 기준	1988년	2024년
위대한 업적	27%	15%
인지도	15%	33%
소명 의식	20%	7%
타인의 긍정 평가	23%	30%
기타	15%	15%

예전에는 '위대한 업적'이 1등이었는데, 지금은 '인지도'가 1등이네요. 예전에는 많은 사람들이 과학자를 꿈꾸었다면, 지금은 연예인을 꿈꾼다는 뜻이겠지요? 결국, 예나 지금이나 우리는 명성을 중시한다는 얘기입니다. 수빈이가 말하는 명예는 여기 아주 낮은 순위에 있습니다. '자신의 소명 의식에 맞는 직업' 그리고 현우가 말한 건 어디에도 없고요. 현우는 '내가 좋아하는 일'

을 하고 싶다는 말이지요? 자, 이제 다 같이 한번 생각을 해 보죠. 나는 어떤 일을 하면서 이 세상을 살아갈까 하는 것이 오늘 수빈이와 현우가 여러분에게 던지는 질문입니다. 여러분이 어떤 직업을 가질 것인지 각자 짧은 보고서를 제출해 주세요. '나는 하고 싶은 일을 할 거다.' 이런 내용도 좋아요."

명성은 유명해지는 거다. 반대로 명예는 유명해지는 것과는 거리가 있다. 대신 사람들의 칭찬을 받는 일이다. '명예를 지킨 사람이다.' '명예롭게 산 사람이다.' 이렇게 말한다. 하지만 그 둘은 결국 같다. 아이들은 먼저 유명한 사람이 되고 싶어 한다. '○○가 될래요!'라고 아이들이 외치는 이유다. 하지만 그 아이들도 곧 알게 된다. 유명한 사람은 몇 명 안 된다는 걸 말이다. 그래서 주어진 일을 묵묵히 해 내는 사람이 된다. 명예로운 삶을 살게 되는 것이다. 하지만 그 둘은 결국 같다.

명성도 다른 사람들의 판단이고, 명예롭다고 하는 것도 다른 사람들의 판단이다. 나는 명성이나 명예를 위해서 살아갈 뿐이다. 직업을 선택할 때도 마찬가지다. 명성을 얻는 직업이나 명예로운 직업을 택한다. 그러는 사이에, 우리는 자기가 진짜로 하고 싶은 일이 무엇인지는 생각하지 못하는 게 아닐까? 우리가 진짜로 하고 싶었던 일은 잘 기억나지 않는 꿈속에서만 문득 떠올랐다 사라지는 게 아닐까? '내가 진짜로 하고 싶었던 게 뭐지?' 이렇게 말이다.

현우는 그러면 안 된다고 말한다. 나는 다른 누구를 위해서 사는 게 아니다. 내가 하고 싶은 일을 할 것이고, 내가 행복해지는 일을 할 거란다. 영화 '시네마 천국'에서 알베르토가 소년 토토에게 말한 것과 같다. '가서 하고 싶은 일을 하라!'고. 죽어서 명예로운 것도 필요 없다. 죽자고 사는 건 아닐 테니까 말이다.

'너는 커서 뭐가 될 거야?'라는 물음에 현우는 '되고 싶은 거요.'라고 답한 셈이다. 자칫 무례하고 도발적으로 들릴 수 있다. 다른 반 같았으면 불려 나가서 주의를 듣거나 벌을 섰을지도 모른다. 그런데 우리 반은 그런 답도 통하는 반이다. 심지어 선생님은 교실을 나가면서 현우를 향해 엄지를 치켜들었다.

상수가 재우와 나를 돌아보면서 말했다.

"야, 현우 쟤 완전 우리 과 아니냐?"

나는 상수가 왜 그렇게 말하는지 알 것 같았다. 현우도 세상을 약간 삐딱하게 보는 축이다. 하지만 상수의 말에 완전히 동의하는 건 아니다. 현우랑 우리 사이에는 아주 큰 차이가 있다.

"우리 과는 맞지. 근데 현우가 우리랑 같은 대학을 다닐 것 같지는 않은데."

재우는 내 말이 맞다는 뜻으로 고개를 연신 끄덕거렸다.

‘좋냐, 인마? 아이고, 속없는 놈!’

재우는 나를 보고 웃고, 나는 그런 재우를 보고 웃었다. 이렇게 마주 보고 히죽거리다 보면 우리도 곧 절친이 되겠지. 그런 생각이 들었다.

“중학교 때는 우리가 현우보다 잘했잖아!”

“그럼, 그럼. 걔는 우리 쳐다보지도 못했지!”

“그때가 좋았다, 그치?”

마흔을 넘기고 어딘가 평범한 카페에 앉아 이런 근거 없는 맞장구를 치는 친구가 되는 일일 것이다, 삶이란.

같은 생각 다른 생각

사람은 모름지기 죽어서 명예를 남기는 인생을 살아야 해.

죽으려고 사는 건 아니잖아? 현재 행복하게 사는 게 더 중요하다고 봐.

명성을 좇든 명예를 좇든 나름 행복할 수 있지 않아?

그 판단을 누가 하는데? 내가 선택하고 내가 판단하는 게 중요해.

인생 참 어렵구나.

뜬소문과 고급 정보
소문

– 2020학년도 연세대학교 논술 기출문제 참조

"믿습니까?"

엄마 성화에 못 이겨 교회에 다닌 적이 있다. 우리 외가는 전부 교회에 다니기 때문에 외가 어른들을 걱정시키지 않기 위해서 나갈 수밖에 없었다. 그런데 교회에서 가장 많이 듣는 말이 바로 그 '믿습니까?'였다. 신이 우리와 함께 있는지 믿느냐는 물음이다. 아니라고 대답할 수 없는 분위기다. 그게 믿겨야 된다고 했다. 그런데 내가 성격상 믿는 게 잘 안 되는 부류다. 나는 출생 기록이 명확한 무함마드도 못 믿는다. 그래서 교회에 열심히 다니는 수빈이에게 여러 번 물은 적이 있다. 너는 믿느냐고. 그때마다 수빈이는 답 없이 웃기만 했다.

그런데 다시 나간 교회에서 집사님 한 분이 성경 공부 시간에

너 그 얘기 들었어?
걔가 말이야, 이러쿵저러쿵
어쩌구저쩌구 쑥떡쑥떡
소곤소곤… 그랬대.
에이… 설마…
정말?!
진짜래!

거듭 같은 질문을 하셨다. 믿느냐고? 이번에는 나뿐만 아니라 내 옆에 있는 아이들도 다들 못 믿는 눈치였다. 그러자 그분이 아주 의욕적으로 말했다.

"바람 봤어? 못 봤지? 근데 바람 있어, 없어? 있지? 마찬가지야. 예수님도 눈에 보이지 않지만 계신 거야. 살아서 우리를 보고 있다, 이 말이야."

나는 그 집사님 말씀을 듣고 참 순수한 분이라는 생각을 했다. 성경에 보면 '믿음은 보이지 않는 것들의 증거'라는 구절이 있다. 보이지 않는 것을 증명할 방법은 사실 없다. 그걸 믿는 사람이 있고, 못 믿는 사람이 있을 뿐이다. 그날 성경 공부 시간에 우리는 확실하게 둘로 갈렸다. 믿는 쪽과 못 믿는 쪽으로. 나는 못 믿는 쪽으로 조금 더 자리를 옮겨 앉았다. 그래 놓고 보니까 믿는 쪽 사람들은 전부 표정부터 착하고 순수했다. 그날 이후로 나는 교회 안과 밖에서 조금 더 외로워졌다.

보이지 않는 것들에 대한 소문이 엄청 모이는 곳이 우리 반이다. 심지어 바로 내 옆자리다. 상수는 어디서 듣는 건지 소문이란 소문은 다 물어 온다.

"너 들었어? 결국 고백을 했다잖아, 걔가."

나는 '걔'가 누군지도 모르는데, 상수는 '걔'에 관한 얘기를 마구 쏟아 놓는다. 여느 때처럼 시큰둥하게 듣는 둥 마는 둥 했다.

그러자 상수가 그런 고급 정보에 둔감한 나를 도무지 이해하지 못하겠다는 듯이 이렇게 말했다.

"아이고, 이 호모 사피엔스야!"

그즈음 우리 반에서는 필독서 《사피엔스》를 빗대서 '호모 ○○○'라고 별명을 붙이는 게 유행이었다. 그중에서 제일 많은 별명을 가진 게 바로 나다.

중국 속담에 '소문은 어리석은 자들 사이를 돌다가 현명한 자에게서 끝난다.'라는 말이 있다. 나는 속으로 '너는 어리석고, 나는 현명한 거야, 인마!'라고 일갈을 했다. 그런 다음 고개를 돌려 씨익 웃는 것으로 그 소문의 명줄을 끊어 놓았다.

오늘 주제는 소문이다.

선생님은 가짜 뉴스가 횡행하는 시대에 소문의 역할은 무엇일지 토론해 보자고 했다. 먼저 기석이가 나섰다. 기석이는 뇌과학자가 꿈인 아이다.

사람은 미각, 청각, 후각, 촉각, 시각을 가지고 있습니다. 바로 오감이라고 하는 겁니다. 그중에서 가장 정확도가 떨어지는 게 청각입니다. 한 가지 예를 들자면 영어를 쓰는 사람들은 'does'와 'doesn't'를 듣고 구별하는 데 어려움을 겪는다고 합니다. 그 뜻 차이가 어마어마한데도 말입니다. 그래서 들어서 전하는 말인 소문은 곧이곧대로 믿기 힘든 것입니다.

영국에는 진술의 신빙성은 사람 한 명이 가세할 때마다 반으로 준다는 법칙이 있습니다. 어떤 사건 E가 일어났다는 진술이 진실일 확률 P(E)는 진실을 말할 확률이 50퍼센트인 사람(p) N명을 거치면 거쳐 온 사람만큼 줄어드는 것입니다.

$$P(E) = p^N$$

사람들이 진실을 말할 확률이 반반, 즉 50퍼센트니까 두 사람을 거친 소문은 진실일 확률이 25퍼센트로 줄고, 세 사람을 거치면 12.5퍼센트로 줍니다. 십중팔구 소문은 거짓이라고 말하는 이유가 그것입니다. 진원지에서 두 단계만 거쳐 와도 사실일 확률이 12.5퍼센트밖에 안 되기 때문입니다. 그런 소문을 듣고 재판을 하거나 중요한 의사 결정을 해서는 안 된다, 그게 바로 조지 후퍼가 주장한 '후퍼의 제2법칙'입니다.

게다가 소문을 듣는 우리 뇌는 절대로 똑똑하지 않습니다. 어떤 정보를 반복해서 들으면 그걸 여러 군데서 들었다고 믿습니다. 같

현대 사회 생존 가이드
3 가짜뉴스 구별법
truth?
Fake?
4 우리 뇌의 생존 본능
1 정보가 생존이다
txt.
2 소문에 귀 기울여라

은 사람한테 여러 번 들은 건데도, 각각 다른 사람들이 말했다고 생각합니다. 그래서 더 믿을 만하다고 여긴다고 합니다. 뇌는 한 사람이 여러 번 반복한 소리를, 여러 사람이 같이 부르는 합창이라고 믿는다는 거지요.

뇌를 탓할 수는 없습니다. 우리 뇌가 그렇게 생겨 먹은 것일 뿐이니까요. 이 점을 일찍 간파한 사람이 바로 나치당의 선동가, 요제프 괴벨스입니다. 그는 이렇게 말했습니다.

"반복해서 들으면 믿음이 생기고, 그 믿음은 콘크리트처럼 단단하다."

그래서 나치당에 대한 좋은 소문을 무수히 퍼뜨린 끝에 집권에 성공했습니다.

오늘도 수많은 소문들이 떠돌고 있습니다. 그중에 사실인 것은 과연 얼마나 될까요? 여러분은 놀라운 소식을 들으면, 그 소식을 옆에 있는 사람한테 바로 옮기는 편입니까? 아니면 시간을 두고 그 진위를 따진 뒤에, 소문으로 인한 충격이 마음속에서 잠잠해지기를 기다렸다가 차분한 목소리로, 천천히, 있는 그대로 전달하는 편입니까?

저는 우리 중 대다수가 전자일 거라고 생각합니다. 놀라운 소식을 곧장 옮길 가능성이 훨씬 크다고 보는 거지요.

그래서 소문은 거짓일 가능성이 높습니다.

중학교 토론 시간에 뇌과학 얘기를 들을 수 있는 것은 반 이상 기석이 덕이다. 기석이는 아버지가 검사 출신 변호사라고 했다. 그런데 본인의 꿈은 검사도, 변호사도 아니다. 아버지가 극구 말린단다. 법조인 동네로 오지 말라고, 오면 사람 버린다고. 나는 그 뜻이 정확하게 뭔지도 잘 모르면서 기석이랑 같이 키득키득 웃었다.

기석이에게 맞선 것은 은솔이였다. 은솔이 아버지는 의사고 은솔이 꿈도 의사다. 법률가 직업은 물려주기 싫어하는데, 의사의 직업을 기꺼이 대물림을 하겠다는 은솔이를 보면서, 변호사보다는 의사가 나은 직업이라는 생각을 한 적이 있다.

기석이가 먼저 뇌 이야기를 꺼냈으니까 저도 잘은 모르지만 뇌 얘기를 조금만 해 보겠습니다.

이런 실험에 대해서 읽은 적이 있습니다. 참가자에게 두 사람의 사진을 보여 줍니다. 먼저 한 사람을 보여 주면서 부정적인 정보를 흘립니다. 가령, '이 사람은 지난달에 직장 동료에게 의자를 집어던진 적이 있습니다.'라고 말이죠. 그리고 다른 사람 사진을 보여 주면서 좋은 정보를 흘립니다. '이 사람은 지난달 쇼핑 센터에서 할머니를 도와준 적이 있습니다.' 이렇게 말입니다.

그런 다음 실험을 시작합니다. 실험은 왼쪽 눈에 평범한 주택의 사진을 보여 주고, 오른쪽 눈에 조금 전에 말했던 사람들 얼굴을 차례로 보여 주는 겁니다. 두 개의 눈으로 받은 정보를 처리해야 하는 뇌는 그중에서 어떤 것을 먼저 처리할까요? 뇌는 집과 나쁜 사람을 보여 주면, 나쁜 사람을 먼저 인지하고, 집과 좋은 사람을 보여 주면 집을 먼저 인지합니다. 자기가 볼 때 위험해 보이는 것부터 먼저 인지한다는 뜻입니다.

뇌에게 가장 중요한 숙제는 '생존과 공포'입니다. 동물에게 왜 뇌가 생겼을까요? 그건 정보를 축적하기 위함입니다. 생존에 필요한 정보를 축적하는 게 뇌입니다. 나쁜 사람에 대한 정보는 중요한 정보입니다. 그래서 그걸 제일 먼저 받습니다. 소문도 마찬가지입니다. 우리가 소문에 끌리는 이유는 그게 생존에 중요한 정보라고 믿기 때문입니다.

그게 진실이냐 하는 것은 뇌에게는 별로 중요하지 않습니다. 생존에 관한 정보는 빨리 받아서 처리할 수밖에 없습니다. 결국 거짓으로 판명 나더라도 상관없습니다. 뇌는 결국 생존이라는 목적을 달성한 셈이니까요.

왜 그런 말도 안 되는 소문을 믿느냐? 그건 뇌를 몰라서 하는 말입니다. 뇌는 소문에 민감한 게 특징입니다. 생사가 달려 있습니다. 정부에서 공식적으로 부인하는 정보를 내보내도 결과는 달라지지 않습니다. 중요도가 높으면 사람들은 소문을 믿습니다. 아랍인들은 유대인이 이 세상을 뒤에서 조종한다고 생각합니다. 스페인 국민의 75퍼센트도 그렇게 믿습니다. 외계 비행체 UFO의 존재는 안 믿어도 그건 믿습니다.

인디언들은 특히 바람 소리에 민감합니다. 그건 바람 소리니까 별것 아니라고 말해서는 안 됩니다. 그 소리를 듣고 우리는 대비를 합니다. 늘 가던 길이 아니라 다른 길로 갑니다. 동물은 움직이는 존재이고, 떠도는 존재이고, 아슬아슬한 존재입니다. 그래서 더욱더 소문이 필요합니다.

소문은 우리가 살아 있는 한 없어지지 않습니다. 진실이든 아니든 말이지요.

토론은 상대방을 두고 하는 게임이다. 이 게임에서 중요한 게 상대방을 이기는 거라면, 우리 반 토론 수준은 올라갈 수밖에 없다. 특히 은솔이는 연못의 메기처럼 우리를 긴장시키는 역할을 한다. 웬만한 의견으로 맞섰다가는 여지없이 깨지는 경험을 할 수밖에 없다.

오늘은 누가 뭐래도 기석이 의견이 맞는 것 같았다. 정확한 사실에 근거해서, 가장 합리적인 주장을 폈다고 믿는다. 소문은 믿을 게 못 된다고. 그런데 그걸 또 은솔이는 비틀고 있다. 일종의 동정론을 꺼낸 것이다. 우리는 너처럼 합리적이지 않다, 우리는 나약한 존재이고, 우리의 뇌도 나약하다, 그걸 인정해 달라고 호소하고 있다. 그러자 아이들 몇몇이 은솔이에게 반응하고 말았다.

토론에서는 은솔이를 당할 자가 별로 없다. 도저히 피할 수 없는 날카로운 주먹이 날아오면 거리를 좁혀 맞으면서 피해를 최소화한 다음 바로 그라운드 자세로 들어간다. 은솔이는 그 정도로 싸움의 기술을 고도화해 가고 있다. 무슨 주제를 주든, 무슨 임무를 맡기든 은솔이의 토론은 지는 법이 없다. 나는 그게 세상에서 얼마나 큰 힘이 될지 의심하지 않는다. 언젠가는 TV 같은 데 나와 상대방 거구들에 맞서면서 싸움을 최종전까지 이끌어갈 걸 생각하면 벌써 손에 땀이 난다. 오래전 다윗도 골리앗을 맞아 은솔이처럼 싸웠을 것 같다.

맞기는 기석이 말이 맞는 것 같은데, 왠지 은솔이 말에 더 끌리는 느낌. 선생님도 나와 크게 다르지 않았던 것 같다. 선생님은 결국 어느 편도 들어 주지 않고 안전하게 결론을 맺었다.

"둘 다 일리가 있습니다. 소문은 필요하기는 한데, 또 위험하기도 하죠."

그러고는 칠판에 X축, Y축을 긋고, 두 개의 그래프를 그려 넣었다. 대략 이런 모양이었다.

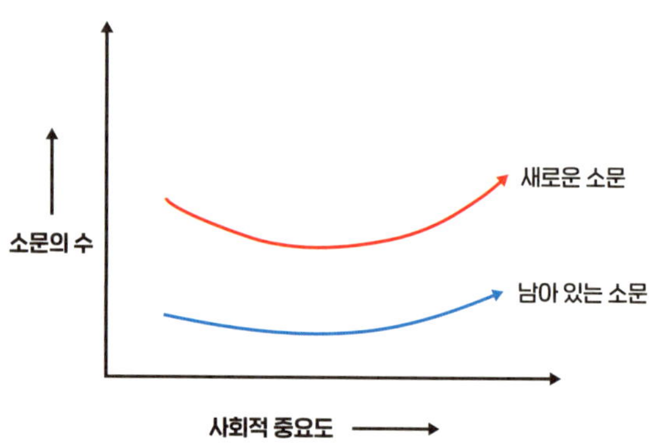

"자, 이 그림은 주제의 중요도(X축)에 따라 새로운 소문이 얼마나 많이 생기는지를 표시하고 있습니다. 중요도가 낮을 때는, 다시 말해서 별것 아닌 일에 대해서는 상당히 많은 수의 소문이 생깁니다. 그러다가 사안이 조금 더 중요해지면 그 숫자가 조금씩 줄어듭니다. 그런 주제에 대해서는 언론 기사도 많이 나고, 국가에서도 공식 정보를 제공해서 소문의 수가 줄어드는 거겠지요. 그런데 다시 중요도가 올라가면 소문의 수가 우상향합니다. 그

때는 기사가 나와도 소문이 줄지 않고 오히려 늘어납니다. 그만큼 소문에 대한 수요가 많다고 할까요? 그리고 아래쪽 선은 기존에 있던 소문이 아직 사라지지 않고 남은 것을 표시한 겁니다. 그것도 역시 위에 있는 선과 비슷한 모양으로 움직입니다. 중요도가 작을 때는 소문이 많았다가, 중요도가 커지면 줄어들고, 중요도가 다시 커지면 소문이 더 늘어나는 양상을 보입니다. 이 그래프를 통해 알 수 있는 것은, 시간이 지나도 소문은 완전히 없어지지 않고, 그 위로 새로운 소문이 얹어질 뿐이라는 사실입니다. 소문은 잘 없어지지 않지요. 이런 소문 가운데는 남 헐뜯는 것도 있을 거고, 남 칭찬하는 것도 있을 거고, 진실에 부합하는 것도 있을 거고, 그렇지 않은 것도 있겠지요. 은솔이 말대로 중요한 정보도 있을 거고요. 문제는 그 가운데 치명적인 것, 즉 살상력이 있는 소문도 당연히 있다는 것입니다. 사람 목숨을 앗아가는 뜬소문 같은 것 말이지요. 이처럼 소문은 우리 주위에 끊임없이 생겨나서 순기능도 하고, 역기능도 한다, 이렇게 정리하면 될 것 같습니다."

나는 우리 반 대표 관찰자이고, 아웃사이더다. 그래서 누구보다 이 주제는 내가 잘 안다. 학교에서 도는 소문은 특히 더 빠르다. 단 하루 만에 소문의 근원지로 다시 돌아오는 것도 본 적이 있다.

발 없는 말이 천 리를 간다고 했다. 천 리면 400킬로미터이고, 대략 서울에서 부산까지 거리다. 그 정도 거리도 소문은 충분히 퍼진다. 문제는 속도다.

나쁜 소문은 그야말로 순식간에 퍼진다. 두루뭉술하면 멀리 가지 못한다. 그리고 빠르게 가지도 못한다. 그래서 곁가지를 빼고, 핵심만 남긴다. 맥락은 다 지우고, 자극적인 것만 강조한다. 상수가 내게 가져오는 소문의 대부분은 그런 과정을 거친 것이다. 전후 맥락도 없이, 귀에 쏙쏙 들어오는 정보의 모습을 한 소문이다. 소위 핫한 정보다. 소문은 살기 위해서 칼날을 예리하게 간다는 생각을 한 적이 있다.

반면에 좋은 소문은 아주 느리게 간다. 우리가 남 칭찬은 그렇게 열심히 하지 않는다는 뜻이기도 하다. 들어도 대충 듣고, 들려도 못 들은 척하는 경우도 있다. 그래서 좋은 소문은 마을버스만도 못한 속도로 천 리를 간다. 너무 느려서 가끔 죽은 다음에 도달하는 소문도 있다. '그 사람 참 좋은 사람이었는데.'라는 식으로.

남 헐뜯는 얘기라면 밥을 굶고서라도 듣고 전하는 것은 동서양을 가리지 않는 인간의 어두운 모습이다. 유대인들에게 일종의 윤리 교재라고 할 수 있는 탈무드에도 이런 얘기가 나온다.

어떤 할아버지가 손주에게 이렇게 말한다.

"마음속에는 두 마리 늑대가 산다. 한 마리는 나쁜 늑대인데, 남의 허물을 보면 그걸 열심히 다른 사람에게 전하는 늑대이고, 다른 한 마리는 착한 늑대인데, 남의 허물이 있어도 되도록 덮어 주려고 하는 늑대다."

그러자 아이가 할아버지에게 묻는다.

"그 둘 중에 누가 이겨요?"

할아버지는 빙그레 웃으면서 대답한다.

"네가 먹이를 주는 늑대가 이기지."

유대인 중에도 나쁜 늑대가 많은 모양이다. 아예 먹이를 주지 말라고 어릴 때부터 경고를 하는 걸 보면 말이다. 우리 민족만 유독 남 욕하기 좋아하는 건 아닌 것 같다.

쉬는 시간 종이 울리자, 아이들 소리가 재빨리 운동장 쪽으로 물수제비처럼 달려 나갔다. 그리고 그 반대 방향으로 바람 한 줄기가 휙 밀려 들어왔다. 바람 소리에 섞여 또 한 무더기의 소문이 따라 들어와 덧문도 없는 귓속으로 파고든다.

뇌는 감각 신경 기관을 통해서 받아들인 여러 정보를 저장해 두고, 또 그것들을 종합, 분석, 추리해 내는 등 분석 센터로서의 역할을 한다. 소문은 그 가운데 귀를 통해 들어오는 정보다. 때로는 감미로운 목소리로, 때로는 호기심 돋우는 소재로 접근해 온

다. 막을 방법이 없다. 사람들이 말을 하는 한 우리는 소문에서 자유로울 수 없다

그걸 또 알아들어서 일일이 참인지 거짓인지 가려야 하고, 옮길 건 옮기고 죽일 건 죽여야 하고, 살상력 있는 건 잡아서 신고도 해야 하고, 그 와중에 정보 가치 있는 건 또 따로 추려야 하고…… 소문 가운데 산다는 건 여러모로 피곤한 일인 것 같다.

그래서 주말만 되면 뒷산 암벽에 많은 사람들이 매미처럼 올라붙는 게 아닐까. 오늘만큼은 깊은 뻐꾸기 소리 말고는 아무 소리도 안 들겠다는 자세로.

같은 생각 다른 생각

아니 땐 굴뚝에 연기가 나겠어?

나쁜 얘기는 빠르게 퍼지고
좋은 얘기는 잘 안 퍼지는 게 문제지.

다 나쁜 것만은 아니지.
소문은 정보야. 흘려들어서는 안 돼.

잘못된 정보는 가려 들어야지.
나치도 소문을 퍼뜨려서 정권을 잡았잖아.

중요한 것도 알겠고, 가려 들어야
하는 것도 알겠어. 근데 난 좀 피곤하다.

문제는 불평등이야!
비만

– 2021학년도 연세대학교 논술 기출문제 참조

나는 사실 거의 매일 별의별 주제로 아이들과 다툰다. 한번은 햄버거 속에 들어 있는 패티가 살코기로 되어 있다는 주장이 있었고, 그 주장에 반박하느라 애를 먹은 적이 있다.

"떡갈비 있잖아, 떡갈비! 그거 전부 다 고기로 만든 거잖아!"

떡갈비가 고기로 되어 있으니까 햄버거 패티도 당연히 고기가 아니냐는 말도 안 되는 주장이었다. 최근 한국에 들어온 미국의 유명한 햄버거는 순살코기로 되어 있다고 했다. 쇠고기를 통째로 빵 사이에 넣은 거라나 뭐라나. '아니, 고깃덩어리를 빵에 넣어 주고 4,000원 받아서 돈이 남아?' 나는 그런 얘기를 하느라, 그날 거의 목이 쉴 지경이었다.

그런데 오늘은 유명 '먹방러'들이 실컷 먹고 나서 바로 음식을 토한다고 주장하는 아이가 있었다. 거기다가 어떤 아이는 한 술 더 떠서 먹방러 누구누구는 하루 종일 운동을 해서 먹은 걸 다 뺀다고 했다. 나는 최대한 흥분하지 않는 한도에서 다음과 같이 설명을 해 주었다.

"사람의 위는 말이야, 최대 5리터, 그러니까 큰 페트병 3개 정도 음식을 담을 수 있어. 그 먹방 하는 사람들처럼 먹으면 최소 5,000킬로칼로리 정도 들어가는 거고. 사람이 5킬로미터를 뛰면 초코바 하나 정도, 약 200킬로칼로리 정도 열량을 소모하거든. 그러니까 그 정도 먹은 걸 소모하려면 5킬로미터를 스물다섯 번을 뛰어야 되거든. 125킬로미터를 뛰어야 한다고. 마라톤 세 번이야, 하루 세 번. 불가능하지. 그리고 그 음식을 매번 토하면 식도가 남아나지 않을걸. 토하면 음식만 나오는 게 아니라 그 안에 있는 위산까지 다 나오잖아? 식도와 입 전체가 산으로 뒤덮이는 거지, 산 알지, 산? 아주 신 거."

그렇게 알기 쉽게 말을 해 주었음에도 끝까지 이해가 안 되는 대목이 있는 모양이었다.

"그러면 그렇게 많은 음식을 먹는데 왜 살이 안 찌는 거야? 토하지도 않는데?"

"알고 싶어?"

"응"

"음식이 빨리 지나가기 때문이지. 흡수할 시간도 없이 훅 지나가. 그게 그 사람들의 경쟁력이야, 알았어?"

"그럼 화장실을 자주 가겠는데? 그 많은 걸 내보내려면."

"빙고."

그런 쓸데없는 토론을 하면서 점심시간을 보내고 나면 오후는 진이 빠져서 멍하니 창밖만 바라보기 일쑤다. 우기던 아이들이 하나둘 잠에 빠져들 시간이다.

그런데 우리가 공식적으로든 비공식적으로든 토론을 할 때 전혀 언급하지 않는 주제가 있다. 바로 비만이다. 초등학교 때부터 지금까지 단 한 해도 빼지 않고 반에는 꼭 한두 명씩 뚱뚱한 아이들이 있었고, 그들 중 누군가는 괴롭힘의 대상이 됐다. 매년 그 모습을 지켜본 우리는 모두 비만 문제만큼은 꺼내지 않으려고 한다. 한 번도 훈훈한 결론을 맺은 적이 없는 주제이기 때문이다.

선생님도 그걸 아는지, 비만이나 종교 문제는 거의 고른 적이 없다. 그런데 지난번 토론 수업에서는 우리가 예상하지 못한 쪽으로 애기가 흘러갔다. 우리 반에서 제일 뚱뚱한 민주가 스스로 비만 애기를 꺼낸 것이다.

원래 주제는 '개인의 책임'이었다. 선생님은 서두를 이렇게 시작했다.

"미국 사람들은 모든 문제를 개인의 문제로 이해하려는 경향이 강합니다. 예를 들면, 미국의 어느 도시에서 연쇄 살인이 일어났다고 칩시다. 그러면 미국 신문들은 연쇄 살인범의 이력을 훑어서 개인적인 문제를 끄집어냅니다. 과거에 부모로부터 학대를 받았다거나 오래 사귄 여자 친구와 헤어진 다음 성격이 이상해졌다거나, 학교 다닐 때 분노 조절 장애를 앓았다거나 하는 것에 초점을 맞춥니다. 사회가 문제였다기보다는 개인이 문제였다고 보는 거지요. 반대로 같은 문제를 보는 중국어판 신문의 논조는 아주 다릅니다. 미국에 총기가 너무 많다, 직장 내 인간관계에 문제가 있다, 경제적 불평등이 심하다 등등. 개인의 문제가 아니라 구조의 문제에 집중합니다. 똑같이 뉴욕에서 발행하는 신문인데도 이렇게 보는 시각이 다릅니다. 예를 들면, 비만 문제만 해도 그렇죠."

선생님은 스스로 '비만'이라는 글자를 꺼내 놓고는 아차 싶은 모양이었다. 순간, 아이들 몇몇이 민주를 보거나 민주를 의식하는 듯한 움직임을 보였다. 열심히 선생님의 말을 듣던 민주는 잠시 고개를 떨궈 책을 보는 척했다. 그런 민주를 보고 선생님은 잠시 사이를 두었다가 말을 계속했다. 이미 시작한 거라 끊지는 못했다.

"비만을 개인의 문제로 보느냐, 구조의 문제로 보느냐에 대해서는 많은 논란이 있습니다. 혹시 개인 책임이라고 생각하는 사람 있을까요?"

"선생님!"

갑자기 민주가 손을 들었다.

"저는 비만은 개인의 책임이라고 생각합니다."

민주는 이미 여러 번 생각해서 맺은 결론이라는 듯이 단호한 어조로 말했다. 선생님은 사태를 어떻게 수습할지 몰라 난감해 보였다.

재우는 자칫 다른 아이들에게 들릴 수도 있는 목소리로 "자폭이다, 자폭!"이라고 소곤거렸다. 나는 얼른 "쉿!" 소리를 냈다.

"어, 그래? 좋아요. 그러면 혹시 반대 의견 준비할 사람 있나요?"

선생님의 말이 끝나기가 무섭게 지수가 손을 들었다. 민주와 단짝은 아니지만, 상당히 친한 아이였다. 선생님은 지수가 선뜻 나서 준 게 아주 고마운 모양이었다.

"그래, 지수. 그러면 비만을 개인의 문제라고 보는 민주하고 그렇지 않다고 생각하는 지수가 다음 주에 토론을 하기로 합시다. 잘 준비해 보세요."

이렇게 해서 비만이라는 민감한 주제가 처음으로 테이블 위에 올랐다. 전초전을 치르듯이, 아이들과 햄버거니 먹방이니 하는 얘기를 나눈 것도 그 때문이다.

토론이 시작되고, 먼저 민주가 교단에 올라섰다. 막상 앞에 선 것을 보니까 덩치가 만만치 않았다.

체질량 지수라는 게 있습니다. 몸무게를 키의 제곱으로 나눈 숫자입니다. 얼마나 살이 쪘는지 재는 수치로 많이 사용합니다. 저는 32쯤 됩니다. 25 이상은 비만이라고 하니까 저도 비만이 맞습니다. 하지만 오늘 제가 말하고자 하는 건 저 정도 비만이 아니라 그보다 훨씬 더 심각한 비만에 대한 얘기입니다. 가령, 제 키 165센티미터에 몸무게가 100킬로그램이 넘으면 체질량 지수가 40 정도 나옵니다. 대강 어떤 모습일지 상상이 되죠?

우리 몸이 아주 단단해 보이지만 사실 그렇지 않습니다. 일종의 물풍선과 같습니다. 물풍선에 물을 많이 넣으면 금세 부풀어 오릅니다. 그 물이 바로 우리가 먹는 음식입니다. 밥이나 고기, 두부와 같은 음식이 분해되면 크게 탄수화물, 지방, 단백질이 됩니다.

이 세 가지 영양소가 우리 몸에 들어오면 각각 출동하는 호르몬이 다릅니다. 대표적으로 탄수화물이 들어오면 인슐린이라는 호르몬이 췌장에서 분비됩니다. '인슐라(insula)'는 라틴어로 '섬'이라는 뜻입니다. 췌장 안의 섬처럼 생긴 조직에서 분비된다고 해서 인슐린이라는 이름이 붙었습니다.

제가 이렇게 영양학을 설명하는 이유는, 비만이 우리가 먹는 탄수화물과 깊은 관련이 있기 때문입니다. 그것도 주로 인슐린과 관련이 있습니다. 인슐린의 가장 큰 특징은 아주 부지런하다는 점입니다. 인슐린은 탄수화물이 분해되어서 포도당으로 바뀌어 핏속을 흐르고 있으면 그걸 몸의 각 세포에 배달하는 역할을 합니다. 근육이나 장기, 뇌 등으로 배분합니다. 특히 뇌는 포도당만 먹습니다. 그래서 탄수화물은 우리가 꼭 먹어야 하는 음식이고, 인슐린은 꼭 필요한 배달 호르몬입니다.

인슐린은 포도당이 얼마나 몸으로 들어오느냐에 따라 양과 속도가 달라집니다. 적게 들어오면 적게 분비되고, 많이 들어오면 많이 분비됩니다. 빨리 들어오면 빨리 분비되고, 느리게 들어오면 느리게 분비됩니다. 현미밥을 먹으면 분해되는 데 오래 걸리기 때문에 인슐린도 천천히 분비됩니다. 반면에 백미밥을 먹으면 인슐린이 빨리 분비되고, 설탕을 먹으면 더 빨리 분비됩니다. 바로 여기에 문제가 있습니다.

인슐린은 배달하고 남은 포도당을 아주 열심히, 남김없이, 지방으로 쌓아 놓습니다. 그게 문제입니다. 남는 거니까 미래를 위해 비축합니다. 그런데 잘 아시다시피 우리 몸에 지방 쌓을 곳이 그렇게 많지 않습니다. 뇌나 뼈에 쌓을 수는 없으니까요. 그래서 주로 몸통에 쌓습니다. 살이 안 쪘으면 하고 바라는 바로 그곳입니다. 그래서 비만이 시작됩니다.

설탕이나 액상 과당과 같은 당 덩어리를 먹으면 더 많은 인슐린이 분비되어서 더 많은 지방이 쌓입니다. 이름은 생소하지만 우리는 액상 과당을 흔히 먹습니다. 각종 아이스크림과 과자, 주스, 콜라나 사이다 같은 탄산 음료에 엄청나게 많이 들어가 있습니다. 설탕보다 값이 싸기 때문입니다. 설탕보다 값은 싼데 단맛은 1.5배나 셉니다. 액상 과당의 문제는 설탕에 비해 과당의 함량이 더 높다는 것입니다. 액상 과당이 들어오면 우리 몸은 세포로 배달조차 하지 않고, 그냥 전부 지방으로 바꾸어 몸에 쌓는다고 보면 됩니다.

여기다가 각종 첨가물은 뇌에 잘못된 신호를 보내는 물질입니다. '아직 배 안 부른데?'라는 신호를 보내는 게 바로 첨가물입니다.

자, 설탕이나 액상 과당, 첨가물이 가득 든 음식을 먹으면 어떻게 되겠습니까? 지방은 계속 쌓이고, 첨가물에 속아서 계속 단것을 먹습니다. 비만이 심각해질 수밖에 없습니다.

이게 제가 알고 있는 비만의 원인입니다. 제 결론은 이렇습니다. 비만이 되지 않으려면 음식을 잘 먹어야 합니다. 그것 외에는 다른 방법이 없습니다. 운동만 해서는 지방을 다 태울 수 없습니다. 그건 거짓말입니다.

비만은 식습관의 문제이며, 따라서 개인의 책임입니다. 이걸 먹으면 내 몸에 어떤 변화가 생길지 알아야 합니다. 알고도 먹는 사람은 당연히 책임이 있고, 모르고 먹는 사람도 모른 데 대한 책임이 있습니다. 단 한 번의 삶인데 그렇게 살찌게 둬서는 안 되는 일입니다.

민주의 발표는 그렇게 솔직하고 깔끔했다. 또 객관적이었다. 처음에는 귀를 쫑긋 세우고 있던 재우가 중간쯤 가서 하품을 한 이유도 그것이다. 나는 민주의 말솜씨가 오히려 놀라웠다. 그다지 공부를 잘하는 아이 같지도 않은데, 설명하는 방식이 아주 특이했다. 역시 오래 고민한 문제라서 머릿속에 정리가 잘 되어 있는 것 같았다. 말에 거침이 없었다.

다음은 지수 차례였다. 지수는 먼저 자료 화면을 띄워 아이들의 시선을 한데 모았다.

구성원의 비만이 사회 구조와 연관이 있다는 것을 일러 주는 그래프입니다. Y축 아랫부분에 완만한 기울기로 누운 선(빨간색)은 소득 하위 25퍼센트 국가에서 비만도와 소득 불평등의 관계를 보여

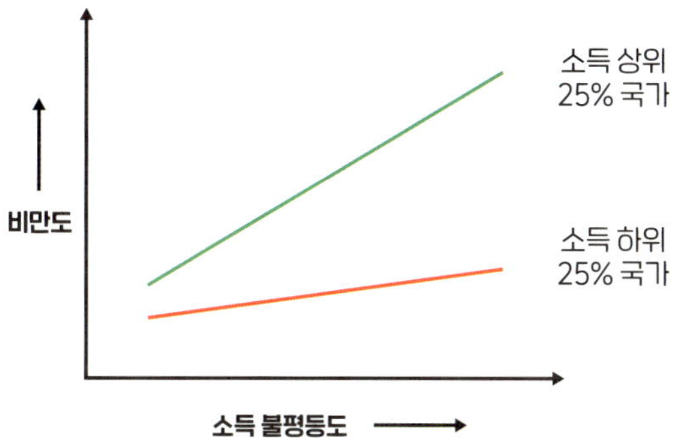

주는 선이고, 그 위로 조금 더 가파르게 우상향하는 선(초록색)은 소득 상위 25퍼센트 국가에서 비만도와 소득 불평등의 관계를 보여주는 선입니다. 소득 하위 25퍼센트 국가들은 소득 불평등도가 높든, 낮든 비만도에 큰 차이가 없습니다. 반면에 소득 상위 25퍼센트 국가들은 소득 불평등도가 높아질수록 비만도가 많이 높아집니다. 불평등이 심한 데서는 비만이 많고, 불평등이 심하지 않은 데서는 비만이 적다는 뜻입니다.

예를 들면, 미국에서는 비만율이 높은데, 덴마크나 노르웨이에서는 비만율이 낮습니다. 가파르게 우상향하는 선의 오른쪽 위가 미국이고, 왼쪽 아래가 덴마크나 노르웨이라고 보면 틀림없습니다.

자, 그럼 그런 차이가 나는 이유가 무엇일까요? 미국과 덴마크와

감자칩
Original
生
Coca-Cola

노르웨이, 인종도 비슷합니다. 국민 소득도 거의 차이가 없습니다. 도대체 뭐가 다른 걸까요?

맞습니다. 바로 소득 불평등도가 다릅니다. X축에 표시한 바와 같습니다. 오른쪽 위에 있는 미국은 소득 불평등이 심하고, 왼쪽 아래에 있는 덴마크와 노르웨이 같은 나라는 소득 불평등 지수가 미국보다 낮습니다. 그 차이가 Y축의 비만도 차이로 나타납니다. 가파르게 우상향하는 선이 보여 주는 그대로입니다.

소득 불평등이 심한 나라에서는 사람들의 스트레스 지수가 높아서 음식으로 스트레스를 푼다는 주장도 가능합니다. 또 소득이 불평등한 나라에서 많은 사람들이 돈을 벌기 위해 시간에 쫓기고 제대로 된 음식을 해 먹을 시간이 없다는 주장도 가능합니다. 하지만 그것보다 훨씬 더 설득력 있는 주장이 있습니다. 소득이 불평등한 나라에서는 음식도 불평등하기 때문입니다.

우선 식탁에서 고급 단백질, 즉 살코기 같은 게 점점 줄어들고 있습니다. 음식다운 음식을 먹을 돈이 없습니다. 그래서 가짜 음식을 먹습니다. 도넛, 그건 빵이 아닙니다. 빵 모양을 한 불량 식품입니다. 민주가 말한 대로 액상 과당과 첨가물 덩어리입니다. 그걸 먹으면서 사람들은 비만이 됩니다.

화성에서 오는 음식은 없습니다. 다 지구에서 나오는 겁니다. 음식은 총량이 정해져 있습니다. 좋은 것은 부자들에게 갑니다. 그리

라면
라면
라 면
₩ 1,200
1++ 한우등심
₩ 65,000

고 남은 걸로 많은 가난한 사람들이 나눠 먹고, 배가 불러야 합니다. 재료가 적게 드는 싼 음식이 필요합니다. 햄버거 패티가 그런 겁니다. 과식을 유발하고, 비만을 키웁니다.

20세기 초 대공황 때 미국 아동 사이에서 비만이 폭증했다고 합니다. 미국 역사상 가장 악명 높은 경제 위기에 먹을거리가 갑자기 차고 넘쳐서 그런 일이 벌어지지는 않았을 겁니다. 소득 불평등이 심해졌다는 뜻입니다. 나쁜 음식들이 많아졌다는 뜻이고요. 그 후로 계속 미국 사회는 소득 불평등이 심하고, 비만율이 높은 나라로 남아 있습니다.

소득 불평등은 비만이 깊게 뿌리내리고 있는 토양입니다.

지수의 말이 아이들의 가슴을 통쾌하게 만들었다. '이런 얘기를 해 주었으면…….' 하는 순간에 지수는 정확하게 그 얘기를 했다. "화성에서 오는 음식은 없습니다."라는 말은 아주 강렬하게 귀에 꽂혔다. 간디도 그런 비슷한 말을 했다. 골고루 나누기만 하면 지구에서 나는 걸로 충분하다고.

선생님은 손으로 턱을 괸 채로 잠시 생각에 잠겼다가, 천천히 교탁으로 자리를 옮겼다.

"오늘은 저도 지수 편을 들어야 할 것 같습니다. 전 세계 전문가들이 모여서 비만이 왜 폭증하게 되었는지 토론한 적이 있습니다. 전문가들이 보는 비만의 원인은 아주 다양했습니다. 그런데 모두가 합의한 결론은 바로 이거였습니다. '최소한 비만이 개인 책임은 아니다.'라는 거죠. 영국 노팅엄대학교 의과대학 명예 교수인 리처드 윌킨슨은 《평등이 답이다》라는 책에서 그래프 분석을 토대로 부(副)의 평등이 국민 건강 증진에 중요하다고 주장했습니다. 국민 소득이 2만 달러가 넘으면 그 이상 국민 소득이 올라가도 사람들의 삶이 더 좋아지지 않는다고 합니다. 그다음부터는 불평등만 심해지고, 그게 비만율을 높인다는 거지요. 지수도 아마 그 기사를 읽은 것 같고요."

선생님 말에 지수가 말없이 고개만 끄덕이는 사이에 나는 눈으로 민주의 뒷모습을 찾아냈다. 옆에 앉은 친구랑 비교해 봐도 확연히 몸집이 차이가 났다.

나는 초등학교 5학년 때의 민주를 똑똑히 기억하고 있다. 민주를 '뚱순이'라고 놀려 대면서 대놓고 왕따를 시키던 아이들도 당연히 기억하고 있다. 지수도 그 애들 가운데 하나였다. 살이 찐 게 오로지 민주 잘못된 양 몰아붙이던 아이들 가운데 지수도 있었다.

그러다가 오늘 지수와 선생님이 '너의 책임이 아니라고' 말해 주었다. 사회적, 제도적 문제라고. 하지만 그게 민주한테는 큰 위로가 되지 않을 것이다. 마음에 난 상처는 훨씬 더 오래간다는 걸 수도 없이 봐 온 터다. 민주는 스스로의 식습관에 책임이 있다는 말로 아직도 방어막을 치고 있는 것 같다.

우리 문제의 대부분은 사실 우리가 원인이 아니다. 그러기에는 우린 너무 어리기 때문이다. 설사 개인의 책임이라 할지라도 우리에게 민주를 놀리거나 왕따를 시킬 이유나 자격은 없다. 재우가 공부를 못한다고 해서 왕따를 시키면 안 되는 거와 같다. 정 따지고 싶으면 우리 사회의 구조에 책임을 묻는 게 현명할 거 같다.

같은 생각 다른 생각

많이 먹는 건 개인 잘못이지.
조절을 그만큼 못 한다는 거잖아.

개인 잘못도 있지만 사회 잘못이 더 커.

사회가 뭐 더 먹으라고 강제를 하는 건
아니잖아. 다 핑계 같은데.

소득 불평등이란 말 못들었어?
제대로 된 음식을 살 수 없는 형편이면
살찌는 음식밖에 살 수 없거든.

엥? 가난하면 비만이 될 수도 있다고?
난 그 반대인 줄 알았는데….

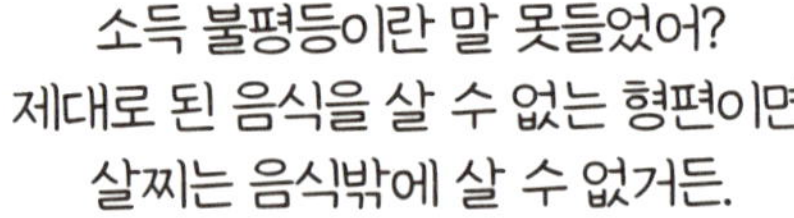

과학자 다빈치의 조개 수집 취미

기초 과학과 응용 기술

― 2023학년도 연세대학교 논술 기출문제 참조

상수와 재우 그리고 나. 우리 반의 일종의 마이너리그다. 상수는 노래를 잘하고, 재우는 게임이나 잡기에 능하다. 그리고 나는 셋 중에서 공부를 잘하는 축에 속한다. 못생긴 애들 중에 제일 잘생겼다고 해야 하나? 그 정도다.

이 마이너리그의 장점은 메이저리그와는 달리 아무리 심각한 토론 끝에도 삐치는 법이 없다는 점이다. 은솔이와 수빈이, 현우, 이런 아이들이 놀러 왔다가 가끔 당하고 가기도 한다. 한번은 나와 상수가 이스라엘 문제를 가지고 얘기를 하고 있었다. 상수는 월드컵 주최국인 카타르가 중동의 주요 국가로 급부상하고 있다는 등 뉴스에서 들은 얘기를 떠벌리던 중이었다. 그 와중에 공부 잘하는 현우가 관심을 보이면서 끼어들었다.

"카타르가 그렇게 유명한 나라야?"

현우의 물음에 상수의 장난기가 발동했다. 상수는 오래간만에 현우에게 잘난 척을 할 수 있는 게 너무 즐거운 모양이었다.

"'중동의 스위스'를 모르는구나?"

"중동의 스위스?"

"그래, 카타르에 유명한 스키장 있는 거 몰랐냐? 카타르랜드라고."

"오, 그래? 그건 몰랐네."

현우는 의외로 허술한 구석이 있다. 카타르를 중동의 스위스라고 부르는 이유는 눈이 와서가 아니라, 카타르가 금융 중심지이고 부자 나라이기 때문이다. 카타르는 한겨울에도 섭씨 20도 내외여서, 눈발조차 흩날릴 일이 없다. 게다가 카타르는 면적으로는 우리나라 인천 정도밖에 안 되는 사막이기 때문에 스위스 풍경과 비교할 이유가 전혀 없다.

"원래 중동의 스위스는 레바논인데, 산꼭대기에 이스라엘 포탄을 하도 많이 맞아서 눈이 다 녹아 버렸잖아. 그래서 얼마 전에 옮겼지, 카타르 수도 도하로. 큭큭."

상수가 신이 나서 아무 말이나 쏟아 내자 기분이 단단히 상한 현우는 '에이씨, 공부도 못하는 게!'라는 험한 말을 남기고 자리를 떴다. 앞으로 한 달 정도는 뒷자리에서 현우 얼굴을 볼 수 없을 것 같았다.

그날 중동 얘기까지 옮겨 간 이유는 상수가 '인하대학교가 인천의 하버드'라는 주장을 굽히지 않았기 때문이다.

"나, 인천 출신이야. 인천 사람 말을 들어야지! 하여튼 애들은 정확한 정보를 줘도 믿지를 않아. 그러니까 너희가 발전이 없는 거야."

재우와 나는 못 믿겠다는 표정으로 고개를 갸우뚱거렸다. 인천에서 배를 타고 하와이로 이민 간 사람들이 나중에 돈을 벌어서 인천에 세운 대학이 인하대학교라는 얘기를 들은 것 같다. '하' 자가 '하버드'가 아니라 '하와이'라는 것이다. 하지만 확실치도 않은 정보로 상수의 화를 돋우고 싶지는 않았다.

오늘 마이너리그의 토론 주제는 인하대학교가 좋으냐, 아주대학교가 좋으냐였다. 아이들은 이런 토론에 유독 관심이 많다. 지난번에는 성균관대학교가 좋다는 상수와 한양대학교가 좋다는 재우가 붙은 적이 있다. 오늘도 수도권 소재 두 학교 문제로 또 주먹이 오갈 뻔했다. 마치 두 학교 모두 마음만 먹으면 갈 수 있다는 듯이 싸우는 꼴이 기가 막히던 차에 선생님이 들어왔다.

"오늘은 또 뭘로 싸우셨나?"

선생님 덕에 두 사람 사이에 일종의 비무장 지대가 생겼다.

"설마 인하대학교가 좋으냐, 아주대학교가 좋으냐로 싸운 건 아니죠?"

선생님도 바깥까지 번진 소리를 들은 모양이었다.

"자, 오늘 주제는 국가 R&D 예산에 대한 겁니다. 연구 개발 예산이라는 뜻이지요. 전 세계 모든 나라들이 번 돈의 일부를 연구 개발에 투자합니다. 그게 없으면 국가 경쟁력이 금세 떨어져 버리거든요. 그런데 문제는 그 예산을 어디에 쓸 것인가 하는 점입니다. 응용 기술에 투자하는 게 맞다는 의견은 동우가 얘기해 줄 거고요, 기초 과학에 더 투자하는 게 맞다는 의견은 K가 해 주겠습니다."

내 이름이 호명되자 아직 화가 덜 풀린 상수까지 '풉!' 소리를 냈다. 재우의 반응도 그것과 크게 다르지 않았다. 그렇게라도 내가 두 사람 사이의 의견 일치와 화해에 도움이 된다면 더는 바랄 게 없다 싶었다.

묵자라는 중국 철학자가 있습니다. 잘 모르시지요?

사실 별로 안 유명합니다. 공자와 맹자, 장자까지 주류라고 하면, 묵자는 비주류에 속합니다. 한동안 중국에서 읽기가 금지되어 있던 변방의 철학자죠. 왜 그랬을까요? 중국인들은 왜 묵자에 거부감을 가지게 된 걸까요?

묵자가 계산에 밝은 철학자이기 때문입니다. 명분보다는 실리를 중시합니다. 공자, 맹자와 결이 아주 다릅니다. 사람은 본질적으로 이기적인 존재이며, 이익이 이 세상의 논리라는 게 묵자의 생각이었습니다. 맞는 말이지만 중국 사람들이 대놓고 지지하기에는 조금 꺼리는 사상을 가지고 있습니다.

묵자는 지독한 현실주의자입니다. 그는 이렇게 주장합니다. 과학 기술도 사람에게 쓸모가 없으면 아무 의미가 없다고요. 도대체 사람에게 도움이 되지 않는 공부를 왜 하는가? 이게 묵자의 생각입니다.

만약 묵자가 지금 우리 사회, 특히 우리나라 대학을 보면 이런 말을 했을 겁니다. 대학은 인간 세상에 쓸모 있는 연구를 하는 곳이라고요. 지금 우리에게 꼭 필요한 것이 그것입니다. 빨리 기술을 개발해서 돈을 벌고, 다시 그 돈 중 일부를 기술 개발에 투자해서 국가의 등급 자체를 올려야 합니다.

세상에는 실패해도 되는 나라가 있고, 실패하면 안 되는 나라가 있습니다. 우리는 어느 쪽일까요? 우리나라는 실패해서는 안 되는 나라입니다. 성공 확률이 반도 안 된다? 우리는 그런 분야에 투자할 돈이 없습니다. 기초 과학에 대한 투자는 우리가 못합니다. 그럴 여유가 없기 때문입니다. 될 만한 것에 투자를 해도 우리의 투자금은 선진국에 훨씬 못 미칩니다. 현실을 직시할 필요가 있습니다.

우리에게는 묵자의 철학이 필요합니다. 묵자는 지는 전쟁은 안 합니다. 이기는 전쟁만 합니다. 하지만 그것도 조건이 있습니다. 이겨서 남는 게 있는 전쟁만 합니다. '이겼다!'라는 기분은 조금도 중요하지 않습니다. 가져와서 나눌 게 있어야 전쟁을 할 의미가 있습니다.

저는 우리나라의 과학 기술 정책은 이게 기본이라고 생각합니다. 바로 냉정한 선택과 집중입니다. 우리가 과학 기술로 이익을 남길 분야는 그렇게 많지 않습니다. 거기에 화력을 집중해야 합니다.

연구 개발은 우리에게 전쟁과 같습니다.

동우의 토론은 웅변에 가까웠다. 목소리만 큰 게 아니었다. 그 울림도 만만치 않았다. 아이들 몇몇은 후반부로 갈수록 유독 고개 끄덕이는 동작이 잦아졌다. 동우의 말과 얼굴도 잘 모르는 묵자라는 사람의 메시지가 아이들에게 깊이 각인되는 걸 느낄 수 있었다.

'이 사이를 어떻게 비집고 들어가야 하나?' 난감한 기분으로 나는 교단에 섰다.

기초 과학에 대한 투자가 필요하다

우리는 과학 기술이라는 말을 많이 씁니다. 영어로 science technology일 것 같지만, 안타깝게도 그런 단어는 없습니다. 보통은 'Science & Technology(과학과 기술)'로 쓰지요.. 왜 그럴까요? 과학과 기술은 같이 붙여 놓을 단어가 아니기 때문입니다. 과학은 과학이고, 기술은 기술입니다.

과학은 '자연에 숨겨진 높은 수준의 개념과 법칙을 체계적으로 정리한 지식 체계'를 말합니다. 과학은 한마디로 학문입니다. 철학과 같습니다. 세상에 대해 연구하고 알아 가는 걸 과학이라고 합니다. 다만 한 가지 다른 것은 그 결과입니다. 철학을 많이 한다고 인간이 기술을 갖게 되지는 않습니다. 하지만 과학은 다릅니다. 과학을 많이 하다 보면 기술도 습득할 수 있습니다. 그 점만 다릅니다.

기술은 '자연의 물질이나 과학 지식을 인간에게 유용하게 활용하려는 노력'을 의미합니다. 과학에서 배운 것을 사람에게 유리하게 사용하는 것, 그것을 기술이라고 합니다.

자, 그렇다면 대학은 뭘 하는 곳이어야 할까요? 그건 대학에서 어떤 인력을 배출할지에 따라 달라집니다. 대학이 과학적 지식을 충분히 갖춘 지식 기반 사회의 인재를 길러 낼 생각이라면 과학을

알프스가 바다였다는 사실을 밝히기 위해서는 산에서 조개 화석을 캐야 합니다.
아니, 지금 조개 화석이나 캘 때입니까? 기술 개발을 해서 이익을 창출해야죠!
R&D 예산 심사원

가르쳐야 합니다. 미국 대학의 학부에서는 과학만 가르칩니다. 그러다가 대학원에 가면 기술을 가르칩니다. 그게 좋은 기술을 만드는 힘이라고 생각하기 때문입니다.

국가는 연구 개발을 할 때, 어디에 돈을 더 많이 투자해야 할까요? 기초 과학에 더 많이 투자해야 합니다. 기초 과학에는 국가 말고 아무도 투자하지 않을 것이기 때문입니다. 레오나르도 다빈치가 그림을 그린다? 당연히 투자를 합니다. 비행기를 만든다? 당연히 투자를 합니다. 하지만 알프스가 원래는 바다였다는 사실을 밝히기 위해 산에서 조개 화석을 캐고 다닌다? 아무도 투자하지 않습니다. 그런 '돈 버리는 일'에 기업이 투자할 리가 없습니다. 그럼에도 꼭 연구해야 하는 것이 바로 과학입니다.

다빈치는 실제로 조개를 캐고 다녔습니다. 과학자니까요. 과학을 한다는 것은 인류의 지식을 쌓는 것과 같습니다. 실패할 가능성도 많고, 성공한다고 해도 아무런 보상이 없을 수도 있습니다. 하지만 과학 없이는 기술도 없고, 진보도 없습니다. 기술은 자기가 어디로 가는지 모릅니다. 가라는 데로 갑니다. 그래서 증기 기관과 내연 기관을 만들고, 핵무기를 만들고, 지구를 이 지경으로 끌고 왔습니다. 지구 온난화는 과학의 잘못이 아닙니다. 눈앞의 이익을 좇아 잘못된 길을 걸어온 기술의 잘못입니다. 이제 그걸 교정할 책임도, 힘도 과학에 있습니다. 우리는 더 알아야 합니다. 끊임없이 연구해야 합니다. 그래서 해답을 찾아야 합니다. 아니면 우리 모두 공멸하고 말 겁니다.

건물을 튼튼하게 짓고 싶으면 땅을 잘 파야 합니다. 과학은 땅파기이고, 기술은 건물 짓기라고 할 수 있습니다. 땅을 대충 파거나 잘못 파면 튼튼한 건물이 나올 리가 없습니다. 그런데 그것 말고 또 하나 중요한 게 있습니다. 바로 방향입니다. 건물이 제 방향으로 똑바로 서게 하려면 어떻게 해야 할까요? 땅을 똑바로 파야 합니다. 건물의 방향은 위로 정하는 게 아니라, 밑으로 파면서 정하는 겁니다. 땅을 똑바로 못 팠는데 건물이 똑바로 설 리 없습니다. 한 번 기운 건물은 다시 세울 수도 없습니다. 과학을 제대로 파야 합니다. 그러면 기술도, 인류와 환경과 이 모든 생명을 지탱해 주는 올바른 기술이 될 수 있습니다.

국가 R&D 예산의 최소 반 이상은 기초 과학에 투자해야 합니다.

나는 동네에 있는 작은 도서관을 다녔다. 뻔질나게 드나들었다. 무슨 대단한 이유가 있었던 건 아니다. 동네에서도 딱히 갈 곳이 없었기 때문이다. 그 덕에 읽은 책도 많다.

하지만 그보다 훨씬 더 중요한 건 거기서 좋은 형들과 누나들을 만났다는 사실이다. 다들 우리가 도저히 갈 수 없을 것 같은 상위권 대학에 다닌다. 특히 그중에서 공대에 다니던 형이 내게 이런저런 대학 얘기를 많이 해 주었다. 과학과 기술은 다른 거라는 말을 그 형에게서 처음 들었다. 그 형과의 짧은 대화 이후에 나는 처음으로 내가 물리학에 관심이 많다는 사실을 알게 되었다. 그전까지 내 꿈은 추리 소설가였는데 말이다. 친구들이 내게 애늙은이 같다고 말한 것도 사실은 내가 그 형 흉내를 자주 내는 탓이다.

내 발표가 끝나고 나서 아이들의 탄성을 비집고 내 자리로 돌아왔다. 선생님은 나와 눈이 마주치자 희미하게 웃었다. 동우와 배틀에서 내가 진 것 같지는 않았다. 선생님은 몸을 돌려 칠판에 '98'이라는 숫자를 쓰고는 다시 이야기를 시작했다.

"우리나라 연구는 98퍼센트가 성공합니다. 외국의 경우는 30퍼센트면 대단히 높은 거라고 하는데 말이지요. 우리 연구자들이 성공이 아닌데 성공이라고 거짓말을 했을까요? 하지만 거짓말 때문에 이렇게나 차이가 나지는 않을 겁니다. 그럼 뭘까요? 맞습니다. 될 만한 연구만 하기 때문입니다. 연구에 실패하면 5년간 연구를 못 하게 합니다. 심지어 연구비를 반환해야 하는 경우도 있습니다. 그런 환경에서 누가 기초 과학의 어려운 문제를 연구하려고 할까요? 그런 나라에서 선도적인 기술 개발이 가능할까요? 실패는 성공의 어머니라는 말이 괜히 있는 게 아닙니다. 실패를 해야 데이터가 쌓이고 다음 연구에서 실패할 확률이 줄

어둡니다. 기초 과학은 성공 확률을 아무도 모릅니다. 다들 처음인데 그걸 어떻게 알겠습니까? 모르고 들어가는 겁니다. 국가는 그런 연구자에게 용기를 줘야 합니다. 그래야 부강한 나라가 될 가능성이 조금이라도 더 높아집니다. 여러분 생각은 어떤가요?"

수업이 끝나고 재우가 내게 야릇한 웃음을 흘렸다.

"어쭈? 그 또라이 집합소 다니더니 구라가 많이 늘었어."

재우가 자주 가는 피시방과 도서관이 그리 멀지 않은 곳에 있어서 재우에게 몇 번 들킨 적이 있다. 그때 엉겁결에 얼버무린 걸 기억하고 있는 모양이다. 재우는 지금도 내가 그 안에서 매일 보드게임을 하는 줄 안다.

"너 혹시 헛바람 들어서 의대 간다느니 이딴 소리 하는 거 아니지? 너까지 그러면 나 속 뒤집어져서 못 산다. 믿을 게 너밖에 더 있니, 내가?"

그런 얘기를 들으면 발끈했던 적도 있다. 하지만 나는 마음속으로 길을 찾는 중이라서 그 정도 얘기는 신경 쓸 겨를이 없다.

그 공대 형이 그랬다. 원래 공부란 시간 많은 사람들이 하던 거라고. 공부를 잘하고 싶으면 여유를 가지라고 했다. 수학 문제를 풀든, 물리 문제를 풀든, '급하면 진다!' 이렇게 생각하라고 했다. 그래야 생각이 깊어지고, 보이지 않던 길이 보인다고. 하루는 이런 문구를 써서 준 적도 있다.

"천천히 서두르자!"

나는 형이 지어낸 말이라고 생각했는데, 실제로 그런 격언이 있다고 했다.

딱 그즈음이다. 나는 생각하는 시간이 많아졌다. 호모 굼벵이, 호모 거북이 등 느린 동물로 내 별명이 추가되던 때였다. 나의 길 찾기가 시작되었다. 성적은 특별히 달라진 게 없었다. 그래도 한 가지 다행스러운 것은 중학교 들어온 이후로 엄마, 아빠가 내 성적을 전혀 궁금해하지 않는다는 점이다. 나를 보면 야릇하게 웃기만 한다.

그 여름, 나는 길 찾는 거북이처럼 물리 문제에 푹 빠져 있었다. 그러다가 우연찮게 알게 된 게 있다. 삶에서 중요한 것은 속력(v)이 아니라 방향($\vec{v}$)이다.

같은 생각 다른 생각

기초 과학? 그건 부자들이나 팔자 좋게
연구하는 거야!

기초 과학 없이
기술 발전이 가능하다고 생각해?

그런 고상한 얘기 할 때가 아니야!
빨리 개발해서 돈을 벌어야 한다고.

급하면 진다! 천천히 서두르자! 이런 말 몰라?
뭐든 단계가 있다고.

모르는 소리! 이러다가 반도체까지 빼앗기면
우린 진짜 아무것도 없어!

애들 먼저 먹으라고 해라!
경쟁

– 2023학년도 성균관대학교 논술 기출문제 참조

최근에 재우랑 죽이 맞았던 대목은 교문 위에 걸린 '금주의 명언'에 대한 반응이었다. 재우는 거기 걸린 글을 보면 하도 오글거려서 온종일 속이 메스껍다고 했다. 나도 같은 생각이다. 우정에 관한 명언이 걸리는 날은, 이제 막 생길 것 같은 우정도 모두 달아날 지경이었다.

"친구를 얻는 유일한 방법은 스스로 완전한 친구가 되는 것이다. 에머슨."

선생님들 몇 분이 명언집에서 수고스럽게 찾아낸 것이겠지만, 앞으로는 제발 이런 일을 안 해 주셨으면 좋겠다. 그게 우리 사이를 더욱 서먹하게 만들 뿐이니까.

그즈음 우리는 세 사람 얘기를 많이 했다. 영국의 토머스 홉스와 이탈리아의 마키아벨리 그리고 영국의 애덤 스미스, 이 셋이다. 국어나 사회, 철학 등 과목에서 세 사람의 이름을 자주 들었다. 그 가운데 나의 최애는 애덤 스미스다. 그가 했다는 다음과 같은 명언 때문이었다.

"기업 하는 사람들은 서로 잘 안 만난다. 하지만 혹시라도 만나게 되면 반드시 '담합'을 한다."

애덤 스미스의 이런 통찰력 있는 말을 듣고, 나는 여러 가지 생각을 했다. 인간의 본성이 무엇인지, 그것을 제어하는 일이 얼마나 어려운지, 우리가 살아가야 할 세상은 또 얼마나 이기적인지, 그런 생각들이 머릿속을 가득 채웠다. 명언이란 이처럼 딱 한 줄로 인생의 포인트를 짚어 내는 것이 아닐까? 내가 재우를 좋아하는 이유도 그것과 비슷하다. 재우에게도 분명 만만치 않은 통찰력이 있다. 어느 날 화장실에 다녀와서 재우가 이렇게 말했다.

"나 아무래도 머리에 똥만 가득 찼나 봐. 화장실 갔다 오면 머리가 시원해."

그 말을 듣고 정말로 통쾌하게 웃었던 기억이 있다.

말이 다른 길로 샜지만, 나는 진짜로 애덤 스미스의 《국부론》을 읽고 싶었다. 그런데 여러 번 시도하다 포기하고 말았다. 번역이 그야말로 엉망이었다. 도서관 형들 말로는 내가 고른 책이 일본어판 책을 다시 번역한 거란다. 그래서 최근 번역판도 살펴보았는데, 그 번역 역시 신통치 않았다. 언젠가 원문으로 읽을 날을 기약하기로 했다.

마키아벨리의《군주론》은 그보다 훨씬 나았다. 일단 책이 얇아서 좋았다. 그래도 내용을 깊이 이해하는 데는 역시 한계가 있었다. 프랑스 왕들을 줄줄이 잘 알아야 했다. '이탈리아 저자가 쓴 책에 왜 이렇게 프랑스 왕들이 많이 나오나' 하는 의문이 들었다. 사실 그게 도시 국가 피렌체에서 태어난 마키아벨리가 마주하고 있던 현실이었다. 프랑스, 스페인, 신성로마제국 등 수많은 강대국과 경쟁국들 사이에서 어떻게 하면 살아남을 수 있는가 하는 것이 바로《군주론》의 주제였던 것이다.

이 정도면 완벽하지는 않아도 우리의 세 영웅 중 두 명에 대해서는 몇 글자라도 써 낼 준비가 되어 있다고 감히 말할 수 있다. 문제는 토머스 홉스다. 이분은 아흔 넘어 죽었는데, 평생 공부만 한 사람이다. 쓴 책이 한두 권이 아니다. 게다가 생각이 자주 바뀌었다. 말하는 바가 정확히 무엇인지 후세들도 해석이 분분하다. 그래서 우리는 다음과 같은 단어로 그의 사상을 정리하곤 했다. '만인 대 만인의 투쟁', '리바이어던', '사회 계약' 이런 식으로 말이다.

이런 단어들을 잊어버리지 않게 잘 기억하는 것이 우리의 공부였다. 그런데 '경쟁과 협력'이라는 주제로 토론하던 날, 나는 처음으로 홉스라는 사람에 대해서 새로운 관심이 생겼다. 선생님 설명이 너무 매끄러웠기 때문이다.

"사람은 왜 살까요? 아주 간단하죠. 살아남기 위해서 사는 거죠. 그래서 열심히 먹이를 찾습니다. 그런데 어느 순간 경쟁자가 나타납니다. 그러면 더 빨리 움직여서 먹을 걸 확보해야겠지요. 그렇지 않으면 다 놓치고, 결국 생존 자체가 불가능한 상황이 올 수도 있으니까요. 그래서 힘을 키웁니다. 빨리 달리는 능력, 빨리 찾는 능력을 키우는 거지요. 그런데 만약 또 어떤 사람이 나타나서 내가 열심히 찾아낸 것을 힘으로 빼앗아 간다면 어떨까요? 그건 안 되겠지요. 그래서 사람들끼리 모여 합의를 합니다. '힘으로 남의 것을 빼앗는 사람은 국가가 처벌한다.'라고요. 이게 바로 사회 계약입니다."

선생님 말에서 '사회 계약'이라는 단어가 나오자, 상수가 툴툴 거리던 말이 떠올랐다.

'그놈의 계약 좀 안 하면 안 되냐? 뭐 이렇게 어려워!'

늘 알 듯 말 듯 한 게 사회 계약이었다. 그런데 오늘 선생님의 설명은 어느 때보다도 명쾌하고 깔끔했다.

"사회 계약을 통해서 국가라는 거대한 권력, 리바이어던이 생깁니다. 구약 성서 〈욥기〉 41장에 나오는 바다 괴물 리바이어던은 사람이 어떻게 해 볼 수 없는 강력한 힘을 뜻합니다. 그 힘 아래서 사람들은 평화롭게 살 수 있습니다. 각자 능력을 발휘해서 열심히 자기 먹을 것을 찾으러 다니면 되는 거지요. 이것이 바로 홉스가 생각하는 '자유'입니다. 인간이 자유롭다는 것은 첫째, 남의 것을 힘으로 빼앗는 사람이 없는 상황에서, 둘째, 자기 능력껏 하고 싶은 것을 다 하고 산다는 뜻입니다. 최근에 신자유주의가 부상하면서 홉스에 대한 관심이 높아졌습니다. 홉스가 사람들 사이의 경쟁을 강조한 철학자로 재해석 되고 있습니다. 자, 오늘의 문제입니다. 자유로운 경쟁은 여전히 우리 사회에서 가장 중요한 가치 가운데 하나일까요? 아니면 경쟁은 이제 우리가 지향해야 할 최고의 가치가 아닌 걸까요? 먼저 호인이가 발표하겠습니다."

홉스가 생각한 완전히 자유로운 세상은 결국 오지 않았습니다. 홉스의 사회 계약설에 따르면 다른 사람의 것을 강제로 빼앗는 사람만 없다면, 사람들은 자유롭게 자기가 하고 싶은 것을 할 수 있어야 합니다. 그런데 문제는 강제로 빼앗는 사람이 없어져도 모든 사람이 자유로워지는 것은 아니라는 점입니다.

우리 중 누구는 다른 사람보다 선천적으로 강합니다. 그리고 그 차이는 세상을 살아갈수록 더 커지는 경향이 있습니다. 그래서 어느 순간 세상은 불평등으로 가득합니다. 누구는 국가가 보호해 주는 시장 안에서 먹을 것도 아주 잘 찾고 금방 부자가 됩니다. 하지만 다른 누구는 그만큼 능력이 없어서 늘 굶주린 상태를 벗어나지 못합니다. 마지못해 원하지 않는 조건으로 계약합니다. 19세기 런던 인구의 40퍼센트가 최저 생계비에도 못 미치는 임금을 받았다고 합니다. 일부는 자유롭게 경쟁을 즐기면서 자기들이 원하는 세상에 사는 반면에, 다른 대다수는 목숨을 겨우 부지하고 사는 신세로 전락한 것입니다.

하지만 그렇다고 해서 경쟁을 포기할 수는 없습니다. 경쟁을 통해서 자신이 원하는 바를 이루도록 하는 것 자체를 부정해서는 안 됩니다. 왜냐하면 그것이 가장 효율적인 장치이기 때문입니다. 20세기 들어 영국에서 일어난 대대적인 시장 개혁은 바로 이런 생각에 기반하고 있습니다. 경쟁 자체를 부정할 수는 없습니다. 대신 경쟁이 되게끔 국가가 도와주어야 합니다. 부자들에게 세금을 더 걷어서 가난한 사람들에게 나눠 줌으로써 시장의 건전성을 높입니다. 그리고 지나친 이익을 가져가지 못하도록 합니다. 그러면 경쟁 시장 자체를 포기하지 않고, 더 많은 사람들이 자유로운 경제 활동을 할 수 있습니다. 이것이 바로 영국의 사회학자인 레너드 홉하우스의 아이디어였습니다.

경쟁이 효율을 낳는다는 것은, 다툼의 여지가 없는 진리입니다. 혁신을 거듭한 좋은 상품에는 좋은 가격이 매겨지고, 그렇지 못한 상품에는 낮은 가격이 매겨지는 건 당연한 수순입니다. 이를 통해서 우리 사회의 생산력이 높아지고, 모든 사람이 부유해집니다. 즉, 홉스의 실패는 홉하우스로 치료할 수 있습니다. 홉스가 실패했다고 해서 경쟁을 포기해서는 안 됩니다.

경쟁보다 더 좋은 장치가 있다면 택해도 좋습니다. 하지만 인류가 현재까지 발견한 해법 가운데는 그만한 게 없습니다. 누구도 불만을 갖지 않도록 이 세상의 것들을 나눌 방법은 없습니다. 가격과 이를 고리로 한 사람들 사이의 경쟁, 그게 우리가 찾아낸 최고의 해법입니다. 경쟁하는 인간은 긴장하고, 긴장하는 인간은 자신이 가진 능력 이상을 발휘하고, 능력을 발휘하는 인간은 세상을 풍요롭게 합니다. 이걸 부정하는 것은 우리 사회 자체를 부정하는 것입니다.

경쟁은 진화와 진보의 핵심 단어입니다.

홉스와 홉하우스로 이어지는 호인이의 분석은 아주 믿음직스러웠다. 충분히 자료를 본 다음에 아이들이 이해할 수 있는 말로 정리하는 솜씨가 수빈이, 은솔이 못지않았다.

홉스는 17세기 사람이고, 홉하우스는 20세기 사람이다. 이들은 모두 자유로운 경쟁이 인간을 궁극적으로 더 행복하게 할 거라고 믿는 사람들이다. 홉스는 순진했고, 홉하우스는 조금 더 노련했다는 점만 다르다. 모든 사람은 경쟁을 통해서 더 부유해진다는 생각이 두 사람 사이를 관통하고 있다.

너무나 맞는 말이기는 하지만 아이들 사이에는 어쩔 수 없이 우울한 분위기가 퍼져 나갔다. '경쟁'이 필요하다는 것을 알면서도 '경쟁'에 너무 지쳐 있어서, 기분이 좋지 않아 보였다.

다음 수빈이의 반론이 시작되었다.

호인이가 너무 좋은 얘기를 많이 해 줘서 어디서부터 반론을 해야 할지 약간 난감하기는 합니다.

저는 이런 질문으로 얘기를 시작하고자 합니다. '인류의 역사는 과연 경쟁의 역사인가?' 하는 질문입니다. 다윈은 진화론에서 인류는 생존 경쟁을 해 왔고, 경쟁에서 이긴 자가 살아남고, 진 자는 도태되었다고 주장합니다. 유명한 다윈의 '적자생존', '생존 경쟁' 그리고 '자연 도태'의 이론입니다.

하지만 그건 다윈이 만들어 낸 말이 아닙니다. 이미 다른 사람이 했던 말을 다윈이 가져다 쓴 겁니다. 무슨 뜻이냐? 다윈이 과학적 연구를 통해서 적자생존이나 자연 도태의 이론을 밝혀낸 게 아니라는 뜻입니다. 진화의 역사는 사실 경쟁만을 가리키고 있지 않습니다. 오히려 진화는 경쟁보다는 협력의 결과물이라고 합니다.

광합성의 핵심이 되는 엽록체는 원래 바다에 사는 박테리아입니다. 바닷물에 보이는 녹조의 조상쯤 되는 거지요. 그게 어느 날 육지에 사는 곰팡이 몸속으로 들어갑니다. 곰팡이와 박테리아가 서로 돕기로 한 겁니다. 그런 다음 곰팡이 몸에서 가지와 줄기가 자랍니다. 그리고 박테리아는 햇빛을 받아 에너지를 만들어 곰팡이에게 공급합니다. 이렇게 만들어진 게 우리가 보는 저 나무들입니다. 녹조 혼자서 진화해 온 게 아닙니다. 녹조와 곰팡이가 서로 도우면서 진화해 왔습니다. 이걸 '공생 진화론'이라고 합니다. '경쟁 진화론'이 유일한 진리가 아닙니다.

경쟁이 의미 없다고 말하는 것은 아닙니다. 경쟁이 필요한 분야가 당연히 있습니다. 하지만 경쟁이 필요 없는 분야도 반드시 있다는 점을 잊어서는 안 됩니다.

소위 '지위재'라는 게 있습니다. 어떤 재화가 많다는 점이 순위를 정하는 의미밖에 없는 재화를 말합니다. 가령 A국이 B국에 비해서 더 많은 잠수함을 가지고 있다고 할 때, 잠수함이 바로 지위재입니다. 핵무기가 열 개 이상 많은 게 무슨 의미가 있습니까? 잠

수함이나 핵무기 모두 지위재입니다. 그런 지위재를 더 많이 확보하려고 경쟁할 이유가 없습니다. 따라서 군비 경쟁은 필요 없는 경쟁입니다.

2만 달러가 넘는 국민 소득도 마찬가지입니다. '저 나라는 국민 소득이 7만 달러가 됐다고 하더라. 우리도 허리띠를 졸라매자.' 이래서는 안 됩니다. 그 차이에 해당하는 5만 달러를 벌기 위해서는 더 이득이 많이 남는 것을 팔아야 합니다. 군수 물자를 팔고, 금융 상품을 팔고, 정상적이지 않은 소득을 올려야 합니다. 그것 역시 쓸데없는 경쟁일 가능성이 높습니다.

대학의 논문 수도 마찬가지입니다. '저 대학보다 우리 대학이 논문을 더 많이 내서 세계 대학 평가에서 높은 자리에 가야지.' 같은 생각으로 하는 경쟁이라면 그 경쟁은 의미가 없습니다.

반면에 꼭 경쟁이 필요한 분야가 있습니다. 대표적으로 야구 선수들의 연봉은 실력에 따라서 줘야 합니다. 필요하면 외국 선수들을 싼 값으로 많이 데려와야 하고요. 경쟁이 사라지면 야구도 못 하는 선수들에게 쓸데없이 많은 돈을 줘야 하니까요.

이미 독점 시장이 형성되어 있는 경우도 경쟁이 필요합니다. 그 독점자의 이익을 위해서 사회 전체가 희생을 하고 있으니까요. 경쟁으로 가격이 낮아지면 독점 이익도 줄고, 공공의 이익도 늘고, 자원을 비효율적으로 쓰는 것도 막을 수 있습니다.

제 결론은 세상은 경쟁 반, 협력 반이라는 것입니다. 경쟁해야 할 때가 있고, 협력해야 할 때가 있습니다. 경쟁만이 살길이다, 이런 구호야말로 진실을 호도하는 말이라고 생각합니다.

자, 오늘 우리는 꼭 필요한 경쟁을 하고 있습니까? 재우는 게임을 잘하고, 상수는 음악을 잘하고, K는 물리를 잘하고, 은솔이는 과학을 잘하고, 현우는 영어를 잘합니다. 그런데 우리는 지금부터 몇 년간 국어 점수를 놓고 경쟁해야 합니다. 과연 이런 경쟁을 할 필요가 있을까요? 누가 더 책을 잘 읽는지, 우리 모두 순위를 매겨 줄을 세울 필요가 있을까요?

왜, 무엇을 위해 경쟁하는지 깊이 생각해 봐야 합니다. 경쟁은 만병통치약이 아닙니다.

수빈이의 발표를 들으면서 내가 놀란 이유는 나는 한 번도 다윈을 의심해 본 적이 없다는 점 때문이다. 적자생존이 다윈의 이론이 아니라는 말을 얼른 검색해 봤다. 맞다. 적자생존은 다윈이 처음으로 한 말이 아니라 허버트 스펜서라는 사회학자가 한 말이다. '능력 있는 자가 생존하고, 그것이 자연의 이치다'라는 말을 수도 없이 들은 것 같다. 그런데 그게 아닐 수도 있다는 수빈이의 말에 적지 않은 충격을 받았다. '역시' 하는 감탄사가 절로 나왔다.

선생님은 수빈이의 발표를 듣고 설명을 이어 나갔다.

"도표를 보겠습니다. A국과 B국 두 나라가 다른 내용의 교육 개혁을 했습니다. A국은 경쟁을 강화하는 정책을 폈고, B국은 경쟁을 완화하는 정책을 폈습니다. 그 결과 다음과 같은 자료가 나왔습니다.

대학생 협동 의식 분석				
수업 자료 공유	A국		B국	
	2010년	2024년	2010년	2024년
친한 친구끼리만 공유한다	14.8%	23.2%	14.9%	16.1%
누구든 공유한다	50.0%	28.3%	51.0%	71.2%
누구와도 공유하지 않는다	35.2%	48.5%	34.1%	12.7%

위 자료에서 보면 A국에서는 친한 친구 외에는 수업 자료를 공유하지 않는다는 응답이 많아졌고, B국에서는 공유한다는 응답이 많아졌습니다. 그 결과 사회 현상은 어떻게 달라졌는지 볼까요?

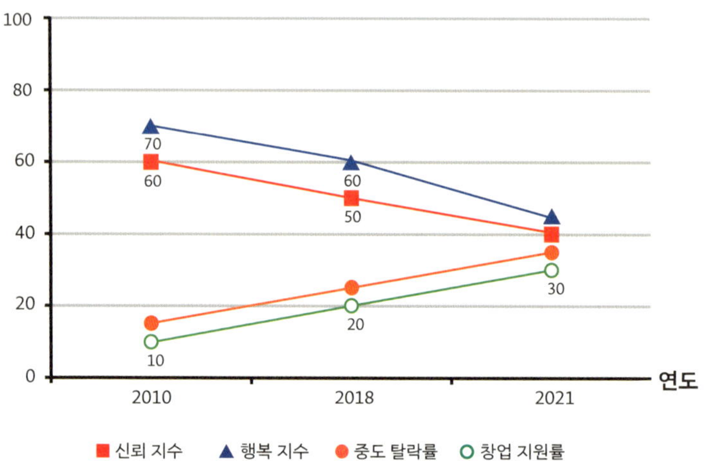

〈협동 의식과 관련한 A국의 사회 현상 변화〉
100
80
60
40
20
0
70
60
60
50
20
10
30
2010
2018
2021
연도
신뢰 지수
행복 지수
중도 탈락률
창업 지원률

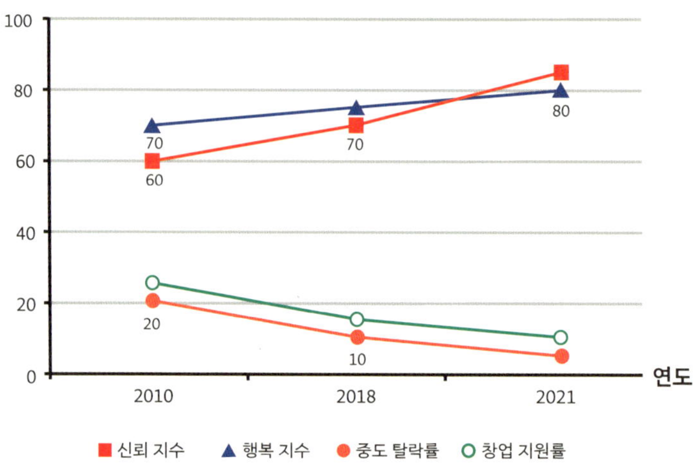

〈협동 의식과 관련한 B국의 사회 현상 변화〉
100
80
60
40
20
0
70
60
70
80
20
10
2010
2018
2021
연도
신뢰 지수
행복 지수
중도 탈락률
창업 지원률

보다시피 A국은 10년 후에 행복 지수와 신뢰 지수가 낮아진 대신, 대학생 중도 탈락률, 창업 지원률은 늘어났습니다. 당연히 B국에서는 그 반대의 현상이 일어났고요. 특이한 점은 경쟁을 택한 A국에서 스타트업, 즉 창업이 많아졌다는 것입니다. 우리나라도 한때 창업 붐이 일었죠. 위 자료에 의하면 창업이 늘어난 건 우리 사회가 지나친 경쟁 사회라는 사실을 말해 줍니다. 경쟁에서 뒤처졌거나 뒤처질 우려가 있는 사람들에게 창업하라고 하는 거지요. 일종의 마이너리그를 만들어 주는 겁니다. 거기서 또 경쟁을 해서 잘되면 메이저리그로 올라와라, 그런 뜻이겠지요. 이처럼 우리 사회는 끊임없는 경쟁으로 우리를 내몰고 있습니다."

얼마나 많은 경쟁이 내 앞에 펼쳐질지 모르는 바 아니다. 먼저 특목고 가는 경쟁을 해야 할 것이고, 언감생심이지만 의대 가는 경쟁을 해야 할 것이고, 상위권 대학 가는 경쟁을 해야 할 것이고, 좋은 회사 들어가는 경쟁을 해야 할 것이고, 그것에 다 실패하고 나면 스타트업 경쟁을 해야 할 것이다. 노래든, 요리든 뭐 잘하는 게 없느냐, 경쟁을 해 보자, 그런 소리를 거의 죽을 때까지 들어야 할 것이다.

결국 특별한 경쟁력이 없는 우리 뒷줄은 여러 번 경쟁에서 밀려난 후에, 사회에서 대우받지 못하는 그저 그런 직업인으로 끝

날 수도 있다. 그런데 나와 재우는 그런 것쯤 아무렇지도 않다. 우리가 이 뒷자리로 밀려온 게 친구들에 비해 게으른 탓이고, 충분히 어리바리한 탓이다. 그걸 눈치 빠른 우리가 모르는 게 아니다.

아쉬운 것은 경쟁이 있다는 사실이 아니다. 경쟁이 있다는 것을 세상이 끊임없이 우리에게 환기시키고 있다는 점이다.

수많은 어른이 경쟁해야 한다고 말한다. 심지어 예능 프로그램에 나온 프랜차이즈 요식업자도 경쟁에서 살아남으라고 가르치면서, 다 큰 어른들에게 마구 호통을 친다. 그걸 또 많은 사람들이 고개를 끄덕이며 지켜보고 있다. 우리나라가 경쟁 사회라는 점이 너무 많은 곳에서 강조된다. 헌법도 예외가 아니다.

"대한민국의 경제 질서는 개인과 기업의 경제상의 자유와 창의를 존중함을 기본으로 한다."(대한민국 헌법 제9장 제119조 1항)

경쟁하라는 뜻이다. '인생은 선착순!'이라고 헌법이 선언하고 있는 셈이다. 이 말은 우리 같은 애들에게 '다 너희 잘못이니까 누구 탓할 생각 하지 마라.' 같은 소리로 들린다. '경쟁이 싫으면 다른 별로 가라', '그렇게 나약한 정신으로 이 험한 세상을 어떻게 살아가려고 하느냐?' '못난 놈!' 거의 그런 느낌이다.

빈말이라도 경쟁이 전부가 아니라고 말해 주는 어른들을 찾아볼 수가 없다.

'야, 그걸 뭘 줄을 서냐?'

'다음 차 타지, 뭐.'

'자, 어르신 먼저 주문하시죠.'

이런 식으로 폼나게 양보하는 어른들은 진짜로 마주치기 쉽지 않다. 어른이고 애고, 세상은 온통 더 높은 곳을 향하여, 더 안락한 삶을 위하여 미친 듯이 달려가고 있다. 전쟁도 아닌데 온통 싸우자는 구호가 난무한다. 모든 사진 찍기에서 'fighting!' 소리가 넘쳐난다. 배울 만큼 배운 어른들이 '삶은 질펀한 경쟁의 장이다', '여기서 지면 끝이다'라며 협박을 하고 다닌다.

이런 세상 덕분에 재우와 나 같은 낭만주의자들이 돋보이는 경우도 있다. 점심시간 종이 울리고 아이들이 급식실로 서로 먼저 달려가려 할 때, 우리는 약속이나 한 듯이 늘 유유자적이다.

"야, 머리 쓸 애들 먼저 먹으라고 해라. 남은 거 먹지, 뭐. 너는 하루 종일 창밖만 보고 있는데 머리에 특별한 영양분 필요 없잖아?"

재우는 늘 그런 식이었고, 나는 그런 재우가 싫지 않았다. 가끔은 통쾌하기도 했다. 아마 그런 탓일 것이다. 그해 가을을 기점으로 재우와 나는 경쟁에서 많이 밀려나고 말았다. 여러모로 속터질 일이다. 내가 판사나 검사가 될 줄 알고 있는 우리 엄마에게는 말이다.

같은 생각 다른 생각

인류 역사 자체가 경쟁이라니까!

경쟁이 아니라 협력을 통해서
더 좋게 진화한 것도 많아!

다윈의 '적자생존' 몰라?
경쟁에서 지면 도태되는 거야!

다윈이 말했다고 다 진리는 아니지. 사실
다윈이 그 말을 만든 것도 아니야!

누가 썼든 상관없이 자유 경쟁 아니면
대안이 있어?

있지. 상생과 협력이
더 좋은 결과를 가져올 수도 있어!

너희가 총을 들때, 우리는 악기를 든다!
예악

– 2023학년도 성균관대학교 논술 기출문제 참조

'세계관.' 상수의 입에서 나온 단어 가운데 가장 고급스러운 단어가 아닐까? 어느 날 재우가 진지하게 상수에게 물어본 적이 있다.

"너는 왜 아임피어리스가 좋냐?"

재우는 아마도 상수가 일부 철없는 아저씨들처럼 예쁜 아이돌만 쫓아다니는 속물로 생각했던 것 같다. 그런데 상수의 입에서 의외의 대답이 나왔다.

"세계관이 나하고 딱 맞아."

그 말을 듣고 나와 재우는 동시에 폭소를 터뜨렸다.

상수의 설명은 꽤 구체적이었다. 요즘 아이돌은 세계관이 중요하다. 세계관에 맞춰서 음악을 만들고, 모든 음악 작업의 목표는 그 세계관을 구현하는 것이다. 아이돌 노래는 문학과 음악, 무용을 결합한 예술 작품이고, 그 뒤에는 독특한 세계관이 있다, 대략 이런 얘기였던 것 같다.

그 이후로 '세계관'이라는 단어가 우리 반에 유행하기도 했다.

"이렇게 행동하는 너의 세계관은 뭐냐?"

"너의 성적과 세계관이 너무 동떨어져 있는 거 아니냐?"

"무슨 세계관을 가지고 있으면 몸에서 이런 냄새가 나니?"

이런 식이었다. 나는 진심으로 궁금해서 유명 아이돌 앨범을 찾아본 적이 있다. 그런데 진짜 그런 게 있었다. 쉽게 말하면, 왜 음악을 하는지에 대한 답이 바로 세계관이었다.

내가 제일 좋아하는 과목은 음악이다. 중학교 1학년 첫 음악 시간에 음악 선생님이 클래식 음악 한 곡을 들려주었을 때, 나는 처음으로 음악의 가치를 알게 되었다. 속 시원하게 눈물이 날 것 같은 느낌이 들었던 것이다.

창밖으로 빌라촌의 고만고만한 건물들이 보였는데, 그게 유럽의 어느 유명한 도시보다도 훨씬 더 아름다워 보였다. 음악은 '심금(心琴)을 울린다'고 한다. 내 속에 악기가 하나 있고, 아름다운 음악을 들으면 그 악기가 같이 소리를 낸다는 뜻일 것이다. 나도 그걸 느꼈다. 좋은 음악을 듣고는 마음이 편안해졌다. 울분도, 설움도, 미움도, 심지어 공포도 무뎌지는 것 같았다. 그 후로 나는 음악 시간을 많이 기다렸다. 집에서 일부러 음악을 찾아 들을 정도는 못 되지만 말이다. 음악 감상 시간을 잠자는 시간으로 생각하는 아이들이 대부분이었지만, 나는 한 번도 그 시간에 잠을 잔 적이 없다.

선생님이 오늘의 주제가 '음악'이라고 하자 재우를 포함한 몇몇이 대놓고 하품 소리를 냈다. 하지만 그 아이들 모두의 눈빛이 다시 반짝거리는 데는 불과 몇 초도 걸리지 않았다. 기현이가 발표한 레닌그라드 때문이었다.

히틀러의 나치 독일은 1941년 중반 소련의 레닌그라드를 봉쇄하기 시작했습니다. 먹을 것을 전혀 공급하지 못하게 한 것입니다. 장장 872일, 2년 5개월 동안이었습니다.

레닌그라드 시민들은 음식이 동나자 가죽으로 된 구두와 허리띠를 삶아 먹었습니다. 우리도 6.25 전쟁 때 먹을 게 없어서 허리띠를 삶아 먹었다고 합니다. 그것마저 없어지자 이번에는 벽지에 남아 있는 풀을 긁어 먹었습니다. 먹을 가능성이 있는 것들은 다 먹었습니다. 쥐나 벌레도 다 먹었습니다. 그다음은요? 서로를 먹기 시작합니다. 레닌그라드의 300만 인구 중에 100만 명이 그 와중에 굶어 죽었습니다.

20세기 최고의 작곡가인 드미트리 쇼스타코비치가 바로 그 레닌그라드 사람입니다. 봉쇄 기간에 거기 있었습니다. 군에 자원했지만 입대가 거부되어 소방수로 레닌그라드에서 일했습니다. 중앙아시아로 대피하라는 지시도 거절한 채 포탄이 떨어지는 도시에 남아 불 끄는 일을 하면서 작곡에 몰두합니다. 1941년 10월, 그는 소련 당국의 도움으로 임시 정부가 있던 쿠이비셰프로 도망 나온 뒤, 계속 교향곡을 썼습니다. 전쟁의 참상과 승리의 희망을 노래한 곡입니다. 쇼스타코비치는 자신이 태어나 살아왔고, 당시 나치에게 포위되어 사력을 다해 버티고 있는 도시 레닌그라드에 그 곡을 헌정했습니다. 쇼스타코비치의 〈교향곡 7번〉이 '레닌그라드 교향곡'으로 불리는 이유입니다.

1942년 3월 5일, 쿠이비셰프에서 초연을 하고, 같은 해 7월 미국에서도 공연했습니다. 미국 최고의 지휘자들이 역사적 초연을 맡기 위해 경쟁했지만, 미리 중계권을 따낸 NBC 방송이 토스카니니에게 지휘를 맡겼습니다. 1942년 7월 19일, NBC 교향악단의 연주는 라디오 방송으로 미국 방방곡곡에 퍼졌습니다. 그 후 1년 동안 소련 작곡가의 곡으로는 전례 없이 이 곡은 미국에서 62회나 연주되었다고 합니다. 전쟁 중이었기 때문에 악보를 미국으로 보내는 것조차 쉽지 않았습니다. 마이크로필름에 담아 비행기, 기차, 자동차로 테헤란과 브라질을 거쳐 뉴욕으로 보냈습니다. 전쟁 중에 소방수로 일하던 천재 작곡가의 사진까지 곁들여서요. 그 모든 이야기가 교향곡의 웅장한 선율에 담겼습니다. 당시 〈워싱턴 포스트〉는 이렇게 말했습니다.

"나치가 점령하고 있는 어떤 나라에서도 러시아처럼 자기 나라에서 벌어지고 있는 일을 교향곡으로 표현한 곳은 없다. 레닌그라드 교향곡이 러시아 승리의 희망을 보여 준다."

미국에서만 공연한 게 아닙니다. 레닌그라드에서도 공연을 했습니다. 지휘자 엘리아스베르크는 레닌그라드 라디오 오케스트라에서 전사하거나 아사하지 않은 단원들을 모아 1942년 8월 9일에 〈교향곡 7번〉의 레닌그라드 초연을 했습니다. 혹시 그 시간에 독일이 방해할까 봐 두 시간 동안 집중적으로 독일 진지를 향해 포탄을 퍼부었습니다. 그사이에 확성기를 통해 음악은 레닌그라드 전체에 울렸고, 소련군 병영과 독일군 진지에도 들렸습니다. 레닌그라드 시민들은 눈물을 흘리며 감격했고, 시민들과 군인들에게 그 음악은 자부심이 되었습니다. 교향곡이 연주된 지 5개월 후 소련군은 독일군의 포위망 한쪽을 끊어 낼 수 있었습니다.

나치는 유대인뿐만 아니라 슬라브 민족들도 인간 이하로 보고 멸시했습니다. 그들이 무슨 철학을 알고, 문학을 알고, 음악을 아

느냐고 했습니다. 그런데 쇼스타코비치는 음악으로 그들에게 알려 주었습니다. 러시아 문화의 위대함을 알려 주었습니다. '나치가 전쟁을 할 때 자신들은 예술을 하고 있음'을 직접 보여 주었습니다. 미국 공연 후에는 미국 국민의 90퍼센트가 공산 국가인 소련을 도와야 한다고 생각을 바꿨습니다. 제2차 세계 대전의 판세를 뒤집은 결정타입니다.

음악은 이런 걸 할 수 있습니다. 음악은 기적과 동의어입니다. 베토벤의 〈교향곡 9번〉의 일부분이 현재 유럽 연합의 노래로 쓰입니다. BTS는 유엔 본부에서 춤을 추면서 전 세계에 평화의 메시지를 전달했습니다. 음악이 심금을 울려 사람을 변화하게 한 예는 일일이 셀 수도 없습니다. 음악의 사회적 역할을 강조하지 않을 수 없는 이유입니다.

레닌그라드에 관한 기현이의 발표는 반향이 아주 컸다. 아이들은 교향곡을 들을 때처럼 숨을 죽인 채 가 본 적도 없는 소련의 추운 도시로, 다시 미국으로, 상상 여행을 했다. 독일군이 패퇴하는 장면에서 혹시라도 박수를 치는 촌스러운 사태가 벌어질까 봐 내가 괜히 긴장을 할 정도였다.

제2차 세계 대전 때 소련 사람 2,000만 명이 죽었다고 했다. 그때는 그게 아주 충격적인 사실로 들리지 않았다. 그런데 레닌그라드에서 100만 명이 굶어 죽었다는 얘기를 듣고는 느낌이 많이 달랐다. 그렇게 많은 사람을 굶겨 죽일 이유가 되는 것일까, 전쟁이라는 것이?

끔찍한 광기에 저항하는 교향곡 선율! 그것만으로도 기현이의 발표는 아이들에게 충분한 감동을 주었다. 반대 토론을 맡은 현우가 난감한 표정으로 걸어 나갔다.

기현이 말이 맞습니다. 음악은 기적과 같은 큰 힘을 발휘합니다. 그걸 누구보다 잘 알았던 사람이 바로 세종대왕입니다. '용비어천가'와 '월인천강지곡'을 아시지요? 세종대왕은 음악에 진심이었습니다.

유교에서는 예(禮)와 악(樂)을 중시합니다. '예와 악을 합친 예악(禮樂)이 바로 인(仁)이다.'라고 얘기하기도 합니다. 예는 무엇이냐? 세상의 규범과 서열을 아는 것입니다. 사람이 지켜야 할 마땅한 도리가 무엇인지, 내가 누구 위인지, 누구 아래인지 아는 것을 예라고 합니다. 그래서 예가 바로 세워진 나라는 안정된 나라라고 합니다. 위아래가 분명하고, 기강이 확립된 나라라는 뜻입니다. 하지만 그런 나라에도 흠이 있습니다. 사람들 마음이 편치 않다는 것입니다. 철저한 계급 사회에서 사람들 마음이 어떨까요? 특히 하층민의 마음이 어떨까요? 마음속에 한이 생깁니다. 왜 저들은 양반이고 나는 천민인가 하는 불만이 쌓입니다. 그래서 나오는 게 바로 악, 음악입니다. 음악은 마음을 위로하는 역할을 합니다. 한을 녹인다고 하지요. 음악이 발달한 나라에서는 불만이 없습니다. 예악의 정치는 바로 이런 것입니다. 예로 세상의 질서를 바로 세우고, 악으로 사람의 마음을 하늘에 닿게 한다는 의미가 있습니다. 세종대왕이 펼친 정치가 바로 이런 예악의 정치입니다.

음악은 그런 힘이 있습니다. 문제는 그 힘이 항상 통하지는 않는다는 것입니다. 쇼스타코비치 덕분에 위기를 극복하고 전쟁에서 승리한 스탈린은 다시 쇼스타코비치에게 작곡을 의뢰했습니다. 사회주의의 위대함을 전 세계에 선전할 음악을 만들어 달라는 것이었습니다. 그래서 만들어진 것이 〈교향곡 9번〉입니다. 그런데 이번에는 〈교향곡 7번〉만큼 성공을 거두지 못합니다. 왜 그럴까요?

음악이 매번 황금알을 낳는 게 아니기 때문입니다. 음악가는 음악을 만들고, 거위는 알을 낳습니다. 좋은 음악이 나오고, 황금알이 나옵니다. 〈교향곡 7번〉처럼 말이지요. 하지만 그건 자주 있는 일이 아닙니다. 음악가 자신도 언제 나올지 모릅니다. 거위도 당연히 모릅니다. 낳아 보니까 황금알일 뿐입니다. 무슨 음악이 그러느냐고 화를 내 봐야 소용없습니다. 좋은 음악은 원래 그런 겁니다. 사회주의 리얼리즘 풍으로 하나 만들어 달라? 만들 수는 있지만 좋은 음악이 아닐 가능성이 높습니다. 예술이 그렇게 쉬운 게 아니기 때문입니다.

음악은 음악일 뿐입니다. 그 음악을 듣고 청중이 감동하고 새롭게 태어날 수 있지만, 그걸 음악의 할 일이라고 생각해서는 안 됩니다. 나무가 푸르른 것은 우리의 마음을 정화하기 위한 게 아닙니다. 나무가 혼자 먼저 푸르러지고, 우리가 그것을 보고 마음이 깨끗해지는 것뿐입니다. 예술가는 푸른 나무처럼 자기의 음악을 만들 뿐이고, 우리는 그걸 들을 뿐입니다. '거참 되게 비싸게 구네.'라고 푸념을 해도 별수 없습니다. 예술은 원래 사람의 일이 아닙니다. 그게 기술과 다른 점입니다. 사람의 경지를 벗어나는 것을 예술이라고 합니다. 아무 데나 만들 수 있으면 그것은 오아시스가 아닐 겁니다.

사막 같은 삶 끝에, 아주 고통스러운 이 삶의 끝 어딘가에 음악이 있습니다. 예술이 있습니다. 쇼스타코비치도 인생에서 딱 한 번 성공한 그 음악이 있습니다.

우리는 음악에게 시간을 줄 수밖에 없습니다. 기다릴 수밖에 없습니다. 음악이 위대한 이유가 바로 그것입니다.

현우의 발표 끝에 재우가 쇼스타코비치를 알고 있냐고 내게 물었다. 그만큼 현우의 발표는 여운이 크게 남았다.

상수는 느닷없이 "이건 반칙이지."라며 중얼거렸다. 그렇게 말한 이유를 너무 잘 알 것 같았다. 우리는 보통 주제에 관한 정보나 지식이 바닥나면 포털사이트를 뒤진다. 글 좀 읽는 애들은 위키피디아나 나무위키를 검색하고, 조금 더 급이 높은 애들은 구글에서 한글로, 가끔은 영어로 검색한다. 그게 우리가 할 수 있는 최대한의 정보 수집이다. 그런데 논문을 뒤지는 아이가 있다는 소문도 있고, 은솔이는 영어 논문을 읽는다는 얘기도 들린다. 하지만 아무리 높게 잡아도 거기까지다. 우리 같은 조무래기들이 그 이상의 분석을 할 수는 없다. 그런데 현우는 그게 아니다. 그걸 뛰어넘는 것처럼 보인다.

'나무가 푸르른 것은 우리 마음을 깨끗하게 하기 위한 게 아니다.'라고 현우가 말했다. 예술은 그 자체가 목적이란다. 이건 도대체 어디서 읽은 것일까? 출처부터가 궁금해졌다. 아랑곳없이 상수와 재우는 벌써 만두 내기를 시작했다. 재우는 구체적으로 S대 다니는 현우 누나가 써 줬다는 쪽에 걸었다. 현우 누나가 국악 전공이라나.

선생님은 박수 두 번으로 아이들의 웅성거림을 잠재웠다.

"기현이는 예술의 사회적 역할을 강조하고 있습니다. 예술도 사회적 활동이기 때문에 사회적으로 의미 있는 일을 해야 한다는 거지요. 그렇지 않고 예술 자체에 몰두하는 것을 소련 사람들은 형식주의라고 합니다. 예술만을 추구한다는 뜻입니다. 쇼스타코비치는 얼마 뒤 형식주의자로 지목되어서 큰 고초를 겪었습니다. 장모는 카자흐스탄의 강제 수용소로 끌려갔고, 누나는 중앙 아시아로 유배되고, 매형은 강제 수용소에 수감되었다가 거기서 죽었습니다. 쇼스타코비치의 젊은 시절 애인은 고문을 당한 끝에 17년형을 받았습니다. 같이 일한 동료도 마찬가지입니다. 권력자의 마음에 안 드는 음악을 만든 대가가 아주 컸습니다. 그런데 쇼스타코비치를 죽이지는 않았습니다. 현우 말대로 거위를 죽일 수는 없었던 거지요. 자, 여러분 생각은 어떻습니까? 예술은 사회에 봉사해야 한다? 아니다, 그 자체가 목적이다, 어느 쪽인가요? 스탈린처럼 질문을 해 볼까요? 말도 잘 안 들고, 일도 안 하는 예술가들을 그냥 둬도 될까요? 아니면 지도를 좀 해서 사람을 만들어야 할까요?”

‘사람을 만든다’는 말에 아이들이 잔잔하게 웃었다. 나를 포함해서 모두가 한 번쯤 들어 본 말이다. 그 말 덕에 아이들은 오늘의 논점을 제대로 이해할 수 있었다. 예술은 도대체 왜 하는 것일까? 또 예술가라는 사람들은 뭐 하자는 사람들일까?

하굣길에 재우와 상수의 논쟁이 시작되었다. 우리 시대의 영원한 화두, 'BTS가 예술가냐?' 하는 것이었다.

"BTS가 예술가지, 그럼 사업가냐?"

"야, 예술가가 무슨 돈이 그렇게 많냐? 수백 억도 아니고 수천 억이랜다. 인당."

"예술가는 뭐 돈 벌면 안 되냐? 공만 잘 쳐도 수천 억인데, 춤 추지, 노래하지, 랩 하지, 작곡하지, 외교하지, 하는 게 몇 갠데?"

나를 사이에 두고 하도 시끄러운 통에 나는 잠시 걸음을 멈췄다. 둘은 아랑곳없이 주먹을 들었다 내렸다 반복하면서 계속 토론을 벌이고 있었다.

"인생은 짧고 예술은 길다! 라이프 숏, 아트 롱, 몰라?"

나는 멀찍이 떨어져 걸으면서 선생님이 내 준 숙제를 생각해 보았다.

'예술은 왜 하는 것일까?'

히포크라테스는 '인생은 짧고 예술은 길다'고 했다. 기술은 사람의 일이고, 예술은 사람이면서, 사람이 아닌 사람이 하는 일이다. 사람이지만, 사람의 경계를 넘고자 하는 사람들이 하는 일이 바로 예술이다. 한마디로 미친 짓이라는 뜻이다.

교향곡에는 바이올린 10대, 비올라 10대를 비롯해 수십 대의 현악기, 관악기, 타악기가 들어간다. 그들이 동시에 소리를 낸다.

어울리는 소리를 내기도 하고, 서로 반대 소리를 내기도 한다. 그걸 잡아서 한꺼번에 내는 소리가 교향악(交響樂, symphony)이다. 영어로도 '같이(sym)'라는 뜻의 글자가 들어가고, 한자로도 '같이(交)'라는 뜻의 글자가 들어간다. 왜 따로 안 내고 같이 내는 것일까? 같이 내면 소리가 세기 때문이다. 귀에 강렬하고 다양하게 꽂힌다. 마치 몸통을 치면서 동시에 얼굴과 허벅지를 가격하는 것과 같다. 악기가 모여서 내는 기악곡이 사람에게 감동을 주는 이유가 그것이다. 교향곡은 겉이 아니라 사람의 마음속을 때리는 음악이다. 그래서 교향곡은 아무나 쓰는 게 아니다. 챗GPT도 교향곡은 못 쓴다. 샘플 자체가 별로 없다. 이 세상을 살다 간 사람 중에 교향곡 쓴 사람은 손에 꼽는다. 천재 음악가 베토벤도 10개를 못 채웠다. 예술 작품이라고 해서 다 같은 예술이 아니다.

교향곡은 만드는 것도 예술이지만, 읽는 것도 예술이다. 사람마다 해석이 다르다. 그리고 연주하는 것도 예술이다. 한글로 '도'라고 쓰는 것은 누가 읽어도 '도'지만, 교향악의 '도'는 누가 내는지, 어떤 악기로 내는지에 따라 다 다르다. 그래서 같은 곡도 누가 연주하는지에 따라 예술이 되기도 하고, 되지 않기도 한다.

나라는 전쟁 중이고, 사람들은 서로의 살을 먹으며 죽어 가고 있다. 저들에게 이 삶이 전부가 아니라고 말해 주어야 한다. '우리는 죽지만 우리의 정신은 살아남아 끝내 이 전쟁을 이기고 말

것이다.'라고 말해 주어야 한다. 하늘의 소리를 들려주어야 한다. 쇼스타코비치의 음악은 결국 하늘의 소리를 담기 위한 게 아니었을까?

음악을 들으면 나도 둥둥 떠오르는 기분이 들었다. 훌륭한 음악은 사람을 짧은 삶에서 들어 올려 영원한 높이에 이르게 하는 것일 수 있다. 기적같이 마음을 가볍게 하는 것일 수 있다. 달 밝은 밤에 아테네 광장에서 파르테논 신전을 올려다보면 신들이 하늘에 떠서 둥둥 춤을 추는 것처럼 보인다고 한다. 폐허가 된 레닌그라드 하늘에 쇼스타코비치의 음악이 울려 퍼질 때도 사람들은 두렵고 괴로운 현실을 잊고 전쟁의 포화 없는 하늘로 자신도 모르게 올라가는 느낌을 가졌던 게 아닐까.

음악이 멎고 올라갔던 사람들이 다 지상으로 내려온다. 예술은 끝나고, 눈앞에 다시 고통스러운 현실이 펼쳐진다. 하지만 그것은 더 이상 고통이 아닐 수 있다. 이 짧은 생에 더는 연연하지 않을 힘이 생길 수도 있다. '까짓 여기 아니면 살 데 없을까 봐?' 이런 생각이 들 것도 같다. 음악을 경험한 사람들은 높은 곳에 올라갔다 내려온 사람답게 용감해지기도 하는 게 아닐까? 위에서 내려다본 이 작은 세상의 무엇이 그렇게 대단해 보일까? '싸우지, 뭐! 사랑하는 가족과 이 사람들, 시민들, 신음하는 조국을 위해 한 번 더 힘을 내 보리라!' 하고 생각할 수도 있을 것 같다.

음악의 힘은 그런 게 아닐까? 그래서 아무나 못 만드는 기적이라고 말하는 게 아닐까? 하늘의 소리를 구현하는 게 아무나 할 수 있는 일은 절대로 아닐 것이다. 그래서 저렇게 빈둥거리는 예술을 우리가 참아 주고 있는 게 아닐까? 언젠가 황금알이라도 한 개 불쑥 낳아 주기를 기다리는 게 아닐까?

나는 왜 '인생은 짧고, 예술은 길다'는 말이 수천 년 넘게 이어져 오는지 어렴풋이 알 것 같았다.

내가 깨달음에 골몰한 사이에도 아이들은 아직도 철없이 떠들어 대고 있다. 나는 한결 가벼운 발걸음으로 아이들을 향해 뛰어갔다. 그러고는 마치 '유레카!'라고 외치듯이 이렇게 말했다.

"야, 이 짧은 인생들아!"

상수와 재우가 같잖다는 표정으로 힐끗 뒤를 돌아보았다.

"뭐, 이 미친놈아?"

나는 재우와 상수에게 바짝 다가가 어깨동무를 하면서 자랑스럽게 말했다.

"나, 숙제 다 했다!"

같은 생각 다른 생각

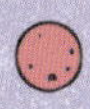

나는 예술의 사회적 역할이
중요하다고 생각해.

예술은 예술일 뿐이야.
예술 그 자체가 목적이라고!

쇼스타코비치의 〈교향곡 7번〉의
힘을 몰라서 하는 소리야?

그게 나오라고 해서 아무 때나
나오는 게 아니야!

기왕이면 일석이조 아냐?
영향력을 가진 예술이 나빠?

황금알은 낳는 거지,
억지로 꺼내는 게 아니라고!

사람이 원래 이기적인 이유
본성

– 2022학년도 성균관대학교 논술 기출문제 참조

우리 엄마는 요즘 모든 문제를 사춘기 탓으로 돌린다. 내가 원래는 착한 아이였는데 사춘기가 되어서 호르몬 이상으로 달라졌다는 것이다. 그 말에 동의할 수 없다. 나는 전과 달라진 게 없다. 변한 건 딱 한 가지다. 전에는 말하지 못했던 것을 이제는 말할 수 있다는 것, 그것밖에 없다. 어느 날 엄마가 나를 붙잡아 놓고 아주 진지하게 물었다.

"K야, 너 요즘 왜 이렇게 엄마 말을 안 듣니?"

예전 같으면 엄마가 그런 표정으로 나오면 죄송하다고 말했을 것이다. 문제를 복잡하게 만들고 싶지 않기 때문이다. 그런데 토론 수업도 하고, 나름대로 보고 배운 게 많아져서 이제는 제대로 된 대답을 하고 싶어졌다. 정말 그것만 달라졌을 뿐이다.

“엄마 말 다 들었는데요.”

“뭐?”

“무슨 말씀인지 다 알아들었다고요.”

이런 예기치 않은 대꾸에 엄마 표정이 금세 험악해졌다. 나는 엄마에게 대드는 게 아니라는 점을 꼭 설명하고 싶었다. 그래서 이렇게 말했다.

“엄마 말은 다 들었어요. 그러니까 말씀을 그렇게 하시면 안 될 것 같아요. ‘너는 왜 내가 말한 대로 하지 않니?’라고 말해야 제가 정확한 답을 할 수 있죠.”

“그래, 좋다. 그럼 왜 도대체 내 말대로 하지 않니?”

“저는요, 엄마랑 생각이 다릅니다. 예를 들면, 옷을 여러 개 입는 게 싫습니다. 조끼나 카디건을 입으면 하루 종일 불편해요. 그걸 안 입어서 감기에 걸릴 수 있지만 그런 경우는 1년에 한 번 정도밖에 없고요. 저는 1년 내내 옷을 불편하게 입느니 차라리 한 번 더 감기에 걸리자는 주의입니다.”

“그게 사춘기라는 거야!”

“뭐가요?”

“이렇게 대드는 게!”

“말씀드렸잖아요. 저는 대든 게 아니라 설명을 드린 거라고요.”

"설명?"

"예. 왜 엄마가 말하는 대로……"

"아이고, 너도 애 낳아서 키워 봐라!"

'아니, 왜 말이 그렇게 튀지?'

엄마도 발끈했지만 나도 기분이 좋지는 않았다. 나는 더 이상의 논쟁이 의미 없다는 생각에 입을 닫았다. 몇 년 전 아버지에 이어 오늘 엄마에게도 아주 단단한 벽을 느꼈다.

예전에 어떤 시인이 "중학교 때 엄마를 이기고, 고등학교 때 아버지를 이기고, 그 후로는 내내 외로웠다."라고 고백한 것을 읽은 적이 있다. 나는 부모님을 이긴 적도 없고 심지어 대든 적도 없는데, 최근 들어 계속 외롭다.

오늘 토론 주제는 '본성'이다. 말을 잘 안 듣는 것은 사실 우리 같은 청소년들의 전유물도 아니다. 사람이라는 존재 자체가 남의 말에는 귀를 닫는다. 그래서 지구가 이 고생을 하는 게 아닐까?

선생님도 비슷한 취지의 말을 했다.

"오늘은 사람의 본성에 대해 토론해 보겠습니다. 사람은 기본적으로 합리적이고 이성적인 동물이기 때문에 협력하며 사회를 바르게 가꾸어 갈 수 있다는 주장은 반장 기민이가 하고, 반대 토론은 기석이가 하겠습니다."

기민이는 반장을 맡은 지 몇 개월 만에 표정이 많이 달라졌다. 아주 지친 얼굴이다. 전체 일곱 반 중에 말 안 듣기로 소문난 반을 맡아서 큰 사고 없이 가을까지 온 것만 해도 박수 받아 마땅한 일이다. 그런데 더 대단한 것은 기민이는 내가 기억하는 한 단 한 번도 화를 낸 적이 없다는 사실이다. 교무실에도 여러 번 불려 갔는데, 그걸로 짜증 내는 법이 없었다. 애가 너무 반듯해서 약간 좀 물리는, 그런 스타일이다.

모든 동물의 목표는 생명의 유지에 있습니다. 몸속에 수분이 부족하면 물을 마셔야 하고, 영양이 부족하면 먹어야 하고, 잠이 부족하면 자야 합니다. 부족함을 채우는 게 모든 동물의 최종 목표입니다. 그래서 욕구라는 게 있습니다. 욕구가 없다면 동물은 죽고 말 것입니다. 욕구란 당연히 정상적이고, 좋은 겁니다. 동물을 살 수 있게 하는 것이니까요.

그리고 또 하나 동물이 위대한 것은 그 욕구를 참을 줄도 안다는 겁니다. 진화 과정에서 소위 '의지'라는 게 생겼습니다. 목이 말라서 급히 물을 먹는 사슴에게 전기 충격을 준다고 합시다. 그러면 사

습은 물 먹던 것을 멈추는 것은 물론이고, 그 충격을 기억합니다. 그래서 안 마시거나 마시는 횟수를 줄입니다.

그런데 동물 가운데 인간은 여기서 한 걸음 더 나갑니다. ‘여기서는 물을 마시면 안 된다’, ‘이런 상황에서는 물을 마시면 안 된다’, 이렇게 학습하고, 학습한 걸 쌓아 갈 줄 압니다. 소위 ‘인지’라는 겁니다. 인지 덕분에 사회생활의 차원이 달라집니다. 법이 생기고, 규칙이 생기고, 도덕이 생기고, 욕구투성이인 인간이 서로 어울려 사는 사회가 가능해집니다. 내가 해야 할 것, 해서는 안 될 것에 대해서 알고 실행하게 된다는 뜻입니다.

이것만 해도 이미 대단한데 사람은 여기서 한 번 더 진화합니다. 바로 공감을 배우는 것입니다. ‘거울 신경 세포’ 덕입니다. 나랑 전혀 상관도 없는 사람이 내 앞에서 못에 찔린다고 합니다. 아프고 피가 나는 모습을 나는 지켜보기만 했습니다. 그런데 그 아픔을 내가 느낍니다. 남이 목마른 것, 남이 아픈 것을 멀리서 보는 내가 느낍니다. 그래서 또 한 번 차원이 다른 생명체가 됩니다.

욕구를 조절할 줄 알고, 규칙을 지킬 줄 알고, 남의 아픔에 공감할 줄 아는 동물, 그게 바로 사람입니다. 누구한테 따로 배운 것도 아닙니다. 우리 뇌가 오랜 시간 동안 그렇게 진화해 온 결과입니다.

물론 우리 중에 그렇지 않은 고약한 사람도 있습니다. 하지만 그 이유는 사람 자체가 악해서가 아닙니다. 사람이 가지고 있는 이런 기능들이 다쳤거나, 아직 자라지 못한 탓일 뿐입니다. 우리가 겪는 사춘기가 바로 그런 때라고 합니다. 욕구는 큰데, 그걸 제어하는 뇌는 아직 덜 자란 것이지요. 그런 우리도 곧 다 자랄 것이고 사람으로 이성을 다 갖출 것입니다. 결국엔 우리 사회의 질서를 바로잡고 건강하게 작동시키는 건 합리적인 인간의 이성임을 강조하고 싶습니다. 사람 사는 사회는 얼마든지 좋아질 수 있습니다. 합리적인 우리 본성에만 충실해도 그게 가능합니다.

기민이 말을 듣고 있으면 잘 자란 청년의 모습이 보인다. 굳이 물어보지 않아도 부모님들은 기민이 같은 애가 아들의 친구가 되기를 바랄 것이다. 나랑 재우보다는 말이다. 생각이 곧은 것도 곧은 거지만, 말솜씨도 다른 애들에게 전혀 뒤지지 않는다. 어려운 단어는 한 마디도 쓰지 않으면서 어려운 얘기를 너무 쉽게 했다. 그리고 가만히 들어 보면 기민이 발표는 거의 반 이상이 뇌 이야기다. 자타 공인하는 뇌과학자 기석이의 반박이 더욱 궁금해졌다.

기민이에게 정말 미안하지만, 저는 다음과 같이 반박할 수밖에 없을 것 같습니다.

먼저 공감에 관한 반박입니다. 우리 뇌에는 공감하는 세포가 활동하고 있습니다. 하지만 그것은 그보다 더 강한 활동이 감지되지 않을 때의 이야기입니다. 공감 세포보다 더 강력한 움직임이 있으면 뇌는 공감 세포가 보내는 신호에 무뎌집니다. 타인의 고통을 내 고통으로 생각할 여유가 없어진다는 뜻입니다. 그게 어떤 상황이냐? 바로 스트레스를 받는 상황입니다. 스트레스를 받을 때 뇌는 스트레스의 원인이 되는 신호에 가장 민감하게 반응하기 때문에, 그 신호에만 집중합니다. 남의 아픔 따위는 느낄 시간이 없습니다. 한마디로 '자기밖에 모르는 사람'이 됩니다. 그런데 요즘 사람들은 스트레스를 받는 상황이 너무 많습니다. 공감 세포가 무용지물이 됩니다. 공감 능력이 활발한 사람은 예외입니다만, 기능이 있다고 해서 우리가 다 쓰면서 사는 건 아닙니다.

다음 인지에 관한 반박입니다. 기민이 말처럼 사람은 인지 능력이 있어서 욕구를 제어할 수 있습니다. 하지만 그것 역시 자동이 아닙니다. 아는 만큼 실행을 하지 않는다는 뜻입니다. 독일 사람들에게 설문을 돌렸습니다. 환경을 위해서 '차 없는 일요일'을 만드는 것을 어떻게 생각하는지 물었습니다. 그랬더니 압도적 다수가 찬성했습니다. 그래서 차 없는 일요일을 선언하고 차가 시내에 몇 대 나오는지 봤습니다. 그랬더니 평소 일요일과 아무 차이가 없었습니다. 다들 차를 가지고 나옵니다. 왜 그럴까요? 환경을 위해서라고 하지만, 실행했을 때 개인에게는 특별한 혜택이 없기 때문입니다. '굳이?' 이렇게 생각합니다. 그리고 '나만 안 가지고 나오면 뭐 하나?' 이렇게 생각하기도 합니다. 이론적으로 아는 것과 그것대로 행하는 것은 엄청난 차이가 있다는 뜻입니다.

자, 이렇게 해서 공감과 인지를 우리 뇌에서 일단 지워 보지요. 그러면 뭐가 남을까요? 바로 동물적인 욕구만 남습니다. 먹고 싶을 때 먹고, 자고 싶을 때 자고, 자기 목숨 보전이 제일 중요한 그런 욕구만 남습니다.

뇌과학 분야에서 우리는 많은 실험을 했고, 또 하고 있습니다. 그랬더니 인간의 뇌 속에는 놀랍게도 많은 기능이 들어 있다는 것을 알게 되었습니다. 하지만 그건 주로 실험실 환경일 때 얘기입니다. 인간의 뇌를 현실 세계에 가져다 놓으면 일부 기능이 작동하지 않거나, 예상과 다르게 작동할 수 있습니다. 결국은 지하철 안에서 의자 하나를 놓고 여러 사람이 체면 불고하고 다투는 상황이 벌어집니다. 사람도 기본적으로 욕구 충족이 필요한 동물입니다. 다른 동물보다 더 핑계를 잘 대고, 더 눈치를 잘 볼 뿐입니다. 교묘하고 영악할 뿐입니다. 합리적이고, 이성적이고, 올바르기보다는 말이지요.

지난번에도 그랬지만 이번에도 기석이의 '전문성'을 넘을 수는 없었다. 다들 마음속으로는 반장 기민이를 응원하면서도 기석이가 제시한 구체적인 '연구 결과'에는 반박할 엄두를 못 냈다. 기석이가 내린 결론은 나도 마음에 들지 않는다. 그래도 드는 예가 너무 정곡을 찔러서 귀를 쫑긋하지 않을 수 없었다.

선생님은 기석이와 기민이에게 모두 박수를 쳐 주었다.

"저는 기석이 말에 동의해야 할 것 같네요. 사람들이 그다지 합리적인 것 같지 않다는 뜻에서 말입니다. 예를 들어 볼게요. A국과 B국이 있습니다. 두 나라는 시민의 투표율을 높이고 성숙한 민주주의를 실현하기 위해서 다음과 같은 정책을 수립했습니다. A국은 유권자의 참여를 의무화하는 의무 투표제를 2012년부터 시행하여 투표 불참자에게 벌금을 부과했습니다. B국은 2012년부터 선거에 대한 각종 홍보 활동과 민주 시민 교육을 꾸준히 실시했습니다. 그 결과 어떤 일이 벌어졌을까요? 먼저 투표율 변화를 살펴봅시다.

A국과 B국의 투표율		
연도	A국	B국
2010	52.3%	52.6%
2018	75.3%	55.3%
2024	82.1%	59.9%

　시민 교육을 한 B국에서는 조금씩 투표율이 올라간 데 반해, A국은 투표율이 가파르게 올라갔습니다. 벌금을 내기 싫어 투표를 한다는 뜻입니다. 그런데 문제가 있습니다. 다음 자료를 볼까요? A국의 소득별 투표율과 무효표 발생 비율 변화를 정리한 그래프입니다.

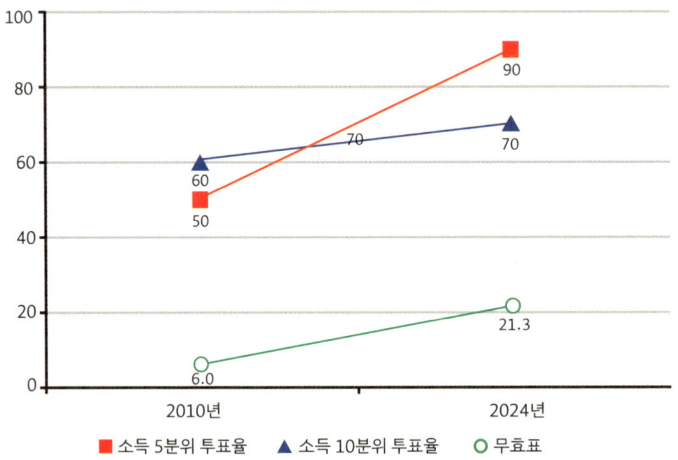

그래프를 보면 문제가 있습니다. 투표를 진지하게 하는 게 아닙니다. 벌금제를 실시한 A국에서 2010년 무효표 비율이 6.0퍼센트인데 반해서 2024년에는 21.3퍼센트로 3배 이상 늘었습니다. 투표를 대충 했다는 뜻입니다. 거기다가 사람들이 아주 이상합니다. 서민에 해당하는 소득 5분위 투표율이 50퍼센트에서 90퍼센트로 배 가까이 늘어난 것은 좋은데, 소득이 아주 높은 10분위 투표율도 60퍼센트에서 70퍼센트로 늘어난 게 눈에 띕니다. 수십 억 재산가도 이런 벌금 내는 것은 아까워한다는 말입니다. A국이든 B국이든 사람들이 상당히 이기적이고 무책임합니다. 특히 시민 교육을 열심히 했다고 주장하는 B국의 예를 보죠.

시민 교육의 효과 분석				
질문	A국		B국	
	2010년	2024년	2010년	2024년
정부 정책을 열심히 모니터링 한다	52.8%	48.2%	53.7%	55.2%
정책 개선을 위해 민원을 넣는다	23.2%	22.4%	24.3%	27.9%

시민 교육을 해도 달라지는 게 거의 없습니다. B국에서 '정부 정책을 열심히 모니터링 한다' 또는 '정책 개선을 위해 민원을 넣

는다'라고 대답한 비율이 10여 년 동안 겨우 1.5퍼센트(53.7% → 55.2%), 3.6%(24.3% → 27.9%) 늘었습니다. 시민 교육을 하지 않은 A국과 거의 차이가 없습니다. 교육이 생각만큼 효과를 발휘하지 못한다는 뜻입니다. 돈 몇 푼은 아까워하고, 투표는 대충 하고, 교육을 해 봐야 크게 달라지지 않고, 이게 바로 요즘 사람들의 모습입니다. 프랑스 철학자 미셸 푸코는 이런 말을 했습니다. "정치에서 중요한 것은 조종 능력이다."라고요. 요즘 국민을 잘 다루기 위해서는 국민보다 더 교묘해지는 수밖에 없습니다. 정치하는 사람들이 더 똑똑하고 영악해져서 국민을 잘 조종해야 한다는 얘기입니다. 인간의 행동은 합리적 이성보다는 이기적 본능에 더 기인하다고 할 수 있습니다."

'정치와 법' 시간에도 비슷한 얘기를 들은 적이 있다.

이스라엘의 한 유치원에서 아이들을 늦게 데리러 오는 부모들이 문제가 되었다. 그래서 오후 4시 이후에 아이를 데리러 오면 벌금을 내기로 했다. 그랬더니 그 전보다 약속을 어기는 부모들이 오히려 더 늘었다. 어차피 벌금을 내니까 미안해할 필요가 없다고 생각한 것이다. 마트에서 카트 반환 보증금으로 100원이나 500원짜리 동전을 넣는 것도 마찬가지다. 500원 포기하고 카트를 아무 데나 버리고 가는 사람이 더 많아진다고 한다.

하여튼 사람들은 여러 가지 이유로 말을 듣지 않는다. 그걸 전제로 깔고 정치를 해야 한다. 이게 바로 선생님 말씀의 요지였다.

'우리나라는 민주 공화국이고, 국민들은 민주 시민으로서 맡은 바 책임을 다할 것이다' 같은 믿음은 19세기식 믿음이다. 그 이후로 수천만 명이 죽는 전쟁을 두 번이나 겪었고, 사람들은 전쟁 같은 지구 생활을 벌써 200년 가까이 이어 오고 있다. 사람들이 합리적이어서, 또는 심성이 좋아서 말을 잘 들을 것이라고 믿는 것 자체가 말이 되지 않는다.

그날 토론 수업은 그런 우울한 결론으로 끝나고 말았다.

며칠 후 마산에 사는 외할머니가 왔다. 그런데 나는 외할머니에게서 뜻밖의 얘기를 들었다. 엄마와 냉전 중이라는 말을 한 다음이었다.

"네 엄마도 예전에 가출한 적이 있단다."

"예? 가출요? 엄마가요?"

나는 너무 놀라서 소리를 지르고 말았다. 대학 병원 수간호사인 엄마는 가출이라는 말과는 전혀 안 어울리는 사람이었다. 최소한 내가 아는 엄마는 그렇다. 언제나 모범이 되는 의료인으로 병원장 표창은 물론이고, 장관 표창까지 받았다. 그런 엄마가 한때 가출 청소년이었다는 사실을 누가 믿을 수 있을까? 그런데 외할머니는 내친김에 그보다 놀라운 비밀을 털어놓았다.

"가수가 되고 싶다고 집을 나갔어."

"가수요?"

"그래. 네 할아버지하고 외삼촌이 서울 어디 학원에서 찾아서 데리고 왔지. 아주 난리도 아니었어."

"엄마는 박자를 못 맞추는데 어떻게 가수를 해요?"

사람이 꿈을 꿔도 최소한의 근거가 있어야 한다. 168센티미터의 키로 덩크슛을 해 볼 수는 있지만, 웸반야마(프랑스 출신 NBA 농구 선수. 키 224센티미터)를 전담 마크하면서, 게임마다 리바운드 다툼을 할 수는 없다. 그건 그림이 이상해도 너무 이상하다. 내가 아는 엄마는 절대로 가수로 성공할 사람이 아니다. 그 유전자를 그대로 받아서 나는 친구들하고 노래방을 못 간다. 그런데 사춘기 때 엄마는 가수가 되겠다는 터무니없는 생각도 한 모양이다.

"그래서 너도 애 낳아서 한번 키워 보라고 하셨어요?"

"그걸 네가 어떻게 아냐? 엄마가 그 얘기 하더냐?"

나는 대답 대신 그냥 웃고 말았다.

역사는 결국 반복이다. 청소년기 아이들은 하고 싶은 게 많고 부모 눈에는 그게 안 되는 게 뻔히 보인다. 그게 문제다. 성장기 청소년의 뇌는 뭘 하고 싶다는 생각이 들게 하는 부위는 다 발달했는데, 그 행위의 결과를 판단하는 부위는 아직 발달하기 전이라고 한다. 그래서 아이들은 생각 없이 일을 저지르고, 부모들은 그게 못마땅할 수밖에 없다. 게다가 달리 제어할 방법도 없다.

사실 아이들한테는 스마트폰을 보지 말라고 하면 안 된다. 왜 안 해야 하는지, 하면 어떻게 되는지, 생각하는 능력 자체가 없다. 오히려 스마트폰을 한번 분해해 보라고 말하는 게 낫다. 그러면 신나서 분해할 거고, 결국 스마트폰 보는 시간은 같겠지만 그 덕에 기계 공학 박사가 나올 수도 있다. 못 하게 해서 싸우는 것보다는 그게 낫다는 말이다.

엄마는 가수가 되고 싶었고, 외할머니가 못 하게 하면서 다툼이 생겼다. 하지만 반드시 짚고 넘어가야 할 것은, 나는 엄마랑 다르다는 사실이다. 나는 어려서부터 지금까지 뭘 하겠다고 주장을 한 적이 한 번도 없다. 지금도 마찬가지다. 재우와 상수는 늘 뭘 하자고 하는데, 나는 늘 뭘 안 하려고 해서 문제다. 나는 사춘기 아이들이 겪는 문제를 전혀 가지고 있지 않다.

10대가 낸 교통사고를 분석한 결과가 있다. 10대가 혼자 운전을 했을 때보다 옆에 친구가 한 명 있을 때 사망 확률이 44퍼센트 늘어난다고 한다. 그런데 거기다가 한 명 더 있으면 자그마치 사망 확률이 400퍼센트, 네 배가 늘어난다. 사춘기 때는 군중 심리가 작동한다. 어울려 다니면 서로의 무모함에 불을 지르는 격이다.

그런데 나는 전혀 그런 아이가 아니다. 나는 재우와 상수랑 몰려다니지 않는 건 물론이고, 걔들이 하는 모든 일이 마음에 들지 않는다. 나는 보통 아이들처럼 철이 없지 않다. 오히려 너무 일찍 철이 들어서 문제라고 본다. 나는 그런 설명을 엄마한테 차근차근 하고 싶었다.

가출 경력이 있는 엄마한테 이 정도 아들이 나왔으면 그건 명백히 진화의 증거다. 나는 그런 생각 끝에 엄마한테 오히려 잘해야겠다는 결론을 내렸다. 철든 사람답게 내가 더 너그러워지는 게 답이라고 생각했다. 그래서 외할머니가 내려가고 나서 바로 그날 저녁 엄마에게 정중하게 사과했다.

"엄마, 지난번에는 제가 잘못했어요. 제가 아무래도 호르몬 이상인가 봐요. 앞으로는⋯⋯."

엄마는 아직도 화가 덜 풀렸는지 나를 반쯤 노려보면서 팔짱을 낀 채로 말했다.

"너 자꾸 그래서 엄마가 확 가출을 할까 생각했어."

이게 엄마가 할 소린가? 나름 진지하게 사과하는 중이었는데, 터져 나오는 웃음을 참기가 어려웠다. 그 순간 거울을 보지는 않았지만 아마도 내 얼굴은 황당 그 자체였을 것이다.

'어련하시겠어요, 어머니?'

나는 그 말이 하고 싶었다.

사람은 동물과 달리 이성이 있기 때문에
욕구에만 매달리지 않아.

에이, 사람도 동물과 다르지 않아.

동물이 사람처럼 인지 능력이
있지도 않고, 공감도 못 해.

사람한테 그런 기능이 있다는 건 인정!
하지만 제대로 작동할진 의문이야.

기능을 잘 쓰게 하면 되는 거 아니야?

글쎄! 현대 사회가 사람을
사람답게 살게 놔두지 않을걸!

선진국들이 책임을 질 거라는 믿음
현실

- 2022학년도 성균관대학교 논술 기출문제 참조

도저히 이길 수 없는 토론을 이기는 경우도 있다. 바로 수빈-필립 논쟁이 그랬다. 왜 그게 이길 수 없는 논쟁인지 이해하기 위해서는 먼저 우리 반의 역학 구도를 알아야 한다.

모든 구별이 그렇듯이 우리 반도 크게 둘로 나뉜다. 하나는 앞쪽이고, 하나는 뒤쪽이다. 앞쪽은 은솔이, 수빈이, 현우를 필두로 하는 모범생들 자리고, 뒤쪽은 그 외 다수가 차지한 자리다. 하지만 뒷자리라고 해서 다 같은 것도 아니다. 거기도 나름 급이 있다.

먼저 메탄존이다. 복도 쪽 문 바로 앞에 있는 소위 '거구'들 자리다. 그 거구들은 왕성한 신체 활동만큼이나 위로, 아래로 내뿜는 가스도 많다. 게다가 마침 쓰레기통도 그 뒤에 있어서 지날 때마다 무슨 냄새가 나는 것 같다. 하지만 아무리 그렇다고 해도, 메탄존이라는 이름에는 어폐가 있다. 원래 메탄(메테인)은 냄새가 나는 기체가 아니다. 무색·무취다. 사람 방귀 냄새는 메탄이 아니라 황화수소 탓이다. 그런데도 메탄존이라고 불린다. 그게 어감상 더 냄새가 날 것 같기 때문이다.

메탄존의 반대편, 그러니까 나와 내 옆자리는 '따존'이라고 불린다. 있으나 마나 한 아이들 자리라는 뜻이다. 재우가 내 옆자리로 옮겨 오기 전에는 운동부 고정석이었다. 야구부나 펜싱부 애들이 한자리를 차지했다. 운동부 친구들은 대개 조용히 잠을 청하는 편이다. 그래서 아무 존재감이 없다. 그리고 그 옆이 바로 나다. 우리 반 전체에서 존재감 없기로는 나를 따를 자가 없다. 내가 며칠 학교에 안 나온다고 해도 선생님 말고는 정말 아무도 모를 것이다. 재우와 상수도 사실 나한테 별 관심이 없다. 내 역할은 야구장의 기록원과 같다. 나는 낮에는 잠을 잘 못 자는 타입이라서 늘 깨어 있다. 하지만 그렇다고 수업에 열심인 것은 아니다. 우리 반에서 일어나는 일을 기록하는 데 내가 최적임자인 이유다. 늘 깨어 있지만 수업에는 관심 없는 자, 그게 바로 나다. 일주일에 한 번씩 이루어지는 토론 수업만 열심히 기록할 뿐이다.

우리 따존과 메탄존 사이에 넓은 자리가 있다. '슬픈 열대'라고 부르는 곳이다. 사회 시간에 선생님이 한 말 때문에 붙은 이름이다. 클로드 레비스트로스라는 프랑스의 유명한 인류학자가 쓴 책 제목이 《슬픈 열대》다. 선생님은 뒷자리 가운데를 대충 가리키면서, "저기 가운데는 분위기가 좀 우울하네?"라고 별 뜻 없이 말했다. 그런데 그 말에 아이들이 폭소를 터뜨렸다. 정확하게 핵심을 딱 짚은 말이었기 때문이다. 별 특징 없는 아이들이 몰려 있는 자리가 거기다. 그래서 늘 우울하다. 수는 많지만, 티 나게 잘하는 것 없는 아이들 자리, 거기가 바로 '슬픈 열대'다.

수빈-필립 논쟁의 주인공인 윤필립이 바로 슬픈 열대 출신이다. 초등학교 때는 반장도 하고 공부도 잘했다고 한다. 그런데 5학년인가, 6학년 때 펫로스 증후군에 걸렸다. 그래서 아무 의욕도 없는 멍한 아이가 되었다. 병을 고치려고 가족들이 무척 애를 썼다는 애기도 들었다. 그런데 극적으로 지난여름, 죽은 강아지가 꿈에 나타나면서 필립이는 그 병에서 벗어났다. 나는 필립이가 병을 고쳤다는 소문보다는 꿈에서 강아지가 나타나서 '사람 말을 했을까, 아니면 그냥 개처럼 짖기만 했을까?' 하는 게 더 궁금했다. 그 꿈 한 번으로 필립이가 달라졌다는 점이 도무지 믿기지 않았기 때문이다. 어쨌든 필립이는 달라졌다. 모든 과목 성적이 달라졌다. 사회나 영어 같은 암기 과목은 물론이고 기초가 중요하다는 수학에서도 완전히 다른 애가 되었다. 슬픈 열대 출신 최초의 우등생이 나올 날도 멀지 않았다. 그런 애기가 뒷자리뿐만 아니라 앞자리에도 파다하게 퍼졌다.

하지만 아무리 그래도 그 토론은 수빈이가 이길 수밖에 없는 토론이었다. 수빈이는 기후 변화에 대응하기 위해서 전 지구가 노력해야 한다는 주장을 폈다. 지구 온난화나 기후 변화는 우리가 초등학교 때부터 무수히 들은 얘기다. 2050년까지 탄소 중립을 달성해야 한다는 사실을 아이들도 거의 다 알고 있었다. 관심이 있어서가 아니라, 하도 많이 들었기 때문이다. 그 주장을 심지어 수빈이가 할 거라서 결과는 너무 뻔했다. 선생님마저도 수빈이를 시큰둥하게 소개하고 자리에 앉았다.

평화로운 지구를 한번 생각해 보죠. 우리가 이 지구 안에서 잘 먹고 잘살기 위해서는 다른 무엇보다 에너지가 필요합니다. 우리는 그 에너지를 주로 태양에서 얻습니다. 태양은 지구를 향해서 엄청난 양의 에너지를 쏘고 있다는 사실은 잠깐만 바깥에 나가 보면 알겠지요. 지구상에 존재하는 식물이 태양 에너지와 공기 중의 이산화탄소를 원료로 탄소 화합물을 만듭니다. 바로 '광합성'이라는 것입니다. 광합성은 태양 에너지를 우리가 먹을 수 있는 식물, 즉 유기물로 바꾸는 것입니다. 그 식물을 먹고 동물이 자라고, 동물이 내뿜는 이산화탄소를 다시 식물이 받아서 광합성을 합니다. 평화로운 지구는 이렇게 움직입니다.

자, 그럼 평화롭지 않은 지구에서는 어떤 일이 벌어질까요? 여기서부터는 인간의 욕심이 발동합니다. 1그램의 물을 1도 올리는 데 드는 에너지를 1칼로리라고 합니다. 그리고 1킬로그램의 물을 1도 올리는 데 드는 에너지는 1킬로칼로리라고 합니다. 1칼로리의 1,000배라는 뜻입니다.

구석기와 신석기 시대 인간은 2,000킬로칼로리로 살았습니다. 보통 성인 남성이 목숨을 유지하는 데 필요한 게 하루 1,500킬로칼로리 정도니까, 당시는 겨우 먹고살았다는 뜻입니다. 그러다가 문명이 발달하면서, 다시 말해서 농업과 목축을 하면서 1인당 하루 에너지 소비량이 5,000킬로칼로리로 늘었습니다. 석기 시대에 비해 세 배 이상 풍족해졌다는 뜻입니다.

그렇다면 산업 혁명이 시작되고 나서는, 지구에 사는 사람들은 1인당 하루에 어느 정도의 에너지를 소모할까요? 자그마치 20,000킬로칼로리를 씁니다. 그리고 요즘은 40,000킬로칼로리를 씁니다. 이건 다 무슨 뜻일까요? 우리 모두가 요즘은 훨씬 더 배가 부르고 등이 따뜻해졌다는 뜻입니다. 문명이 발달했다는 뜻이고요. 그야말로 전기 풍년의 시대를 지나고 있습니다.

이 모든 에너지는 어디서 가져올까요? 당연히 식물이 공급하는 에너지 양으로는 부족합니다. 사람들은 지구상에 살던 동식물의 찌꺼기를 태워서 사용하는 방법을 찾아냈습니다. 그게 바로 석유와 석탄이라는 화석 연료입니다. 인구가 82억 명을 넘어선 2025년에는 전 세계가 석탄 기준으로 자그마치 170억 톤을 태우고 있습니다. 그 정도 에너지가 나와서 집도 데우고, 전기도 만들고, 차도 움직이게 합니다. 그런데 문제는 에너지와 함께 찌꺼기로 탄소가 나온다는 겁니다.

탄소라는 원소는 공기 중에 있을 때 주로 이산화탄소로 존재합니다. 그게 가장 안전한 구조이기 때문입니다. 이산화탄소의 특징은 뭐냐? 적외선 통과가 안 된다는 겁니다. 지구는 태양으로부터 받은 에너지 중 일부를 적외선 형태로 우주로 내보내는데, 그게 잘 통과가 되어야 지구가 열을 식히고, 지구의 대기가 적절한 온도를 유지할 수 있습니다. 이산화탄소, 메탄, 아산화질소와 같은 온실가스는 그걸 막습니다. 그래서 온실 효과가 나오는 것입니다.

이렇게 더워진 지구에는 어떤 일이 벌어질까요? 빙하가 녹아 해수면이 올라가고, 더워진 바닷물 때문에 태풍도 세지고, 기후 변화가 극심하겠지요. 하지만 그보다 더 심각한 문제가 있습니다. 지구 표면이 더워지면 어떤 일이 벌어질지 우리가 아직 잘 모른다는 겁니다. 이렇게 많은 이산화탄소를 배출한 게 지구의 46억 년 역사상

이번이 처음입니다. 지난 200년간 우리는 엄청난 화석 연료를 태웠고, 지금도 태우고 있습니다. 그게 어떤 재앙으로 닥칠지 우리는 모릅니다.

한번 생긴 이산화탄소는 100년 동안 대기 중에 머문다고 합니다. 지금 당장 배출을 멈춰도 앞으로 100년간 그 많은 이산화탄소를 없애고 지구의 온도를 정상으로 돌리는 노력을 해야 합니다. 이제는 정말로 시간이 없습니다. 지구 종말을 밤 12시라고 하면 지구 위기 시계는 지금 밤 9시 47분을 가리키고 있습니다. 모두 힘을 합쳐 지구에 닥친 재난을 막아야 합니다.

은솔이와 달리 수빈이는 설득에 능하다. 은솔이가 공격수라면 수빈이는 노련한 수비수 같다. 누르는 힘이 상당하다. 수빈이와 맞붙은 아이는 그 누르는 힘을 뚫고 올라가야 한다. 그런데 그게 생각만큼 쉽지 않다. 수빈이는 여러 가지 숫자를 통해서 반박의 여지를 최소화시켜 놓는다. 마치 결정적 증거를 제출하고 돌아서는 검사처럼 수빈이는 겸손하면서도 당당하게 자기 자리로 돌아왔다.

그리고 그 모든 무게를 안고 '슬픈 열대'에서 필립이가 걸어 나왔다.

지구 온난화가 무엇인지에 대해 먼저 생각해 볼 필요가 있습니다. 지구 온난화는 지구 전체가 뜨거워지는 게 아닙니다. 지구는 이미 충분히 뜨겁습니다. 지구 안쪽에 거대한 마그마가 끓고 있습니다. 지구 온난화라는 것은 지구를 둘러싸고 있는 대기가 뜨거워지는 것을 말합니다. 표면만 뜨거워진다는 겁니다. 그러면 어떤 결과가 나오느냐? 수빈이가 말한 바와 같습니다. 우리가 경험하지 못한 수많은 위험이 닥쳐올 수 있습니다.

자, 그렇다면 그 원인이 무엇인지 생각해 보아야 합니다. 그걸 알아야 정확한 해법이 나올 테니까요. 수빈이는 그 원인을 이산화탄소라고 했습니다. 정확히 말하면 화석 연료를 태울 때 나오는 이산화탄소가 대기층에 쌓여 지구의 복사열을 가두고, 그것이 지구 전체에 온실 효과를 낳는다는 겁니다.

여기서 한 가지 짚고 넘어갈 게 있습니다. 이런 이야기를 하면 우리는 이산화탄소가 서울 시내를 뒤덮은 매연처럼 지구 전체를 가득 덮어서 열기가 빠져나가지 못하는 그런 상태를 상상할 수 있습니다. 하지만 이것부터가 먼저 잘못됐습니다. 지구 대기는 99퍼센트가 질소(약 78%)와 산소(약 21%)로 되어 있습니다. 그 나머지 1퍼센트에 온실가스, 즉 열기가 나가는 것을 막는 기체들이 포함되어 있습니다. 그러면 그 온실가스의 대부분이 이산화탄소냐? 그것도 아닙니다. 온실가스의 89퍼센트는 수증기입니다. 복사열을 지구 바깥으로 빼는 데 방해가 되는 것은 수증기, 바로 물이라는 뜻입니다. 물이 기체 상태로 남아 있는 것이 수증기니까요. 이 수증기가 온실 효과의 80퍼센트를 담당합니다. 그러면 나머지 20퍼센트는 이산화탄소 때문이냐? 그것도 아닙니다. 그중 15퍼센트는 구름이 원인입니다. 그러니까 구름과 수증기가 온실 효과의 95퍼센트를 유발합니다. 좋습니다. 그러면 나머지 5퍼센트라도 이산화탄소가 내는 것이냐? 그것도 아닙니다. 이산화탄소는 전체 대기 중에 0.039퍼센트밖에 없습니다. 게다가 이산화탄소보다 더 큰 온실 효과를 내는 기체도 있습니다. 소위 '온난화 지수'라고 하는 건데요, 이산화탄소의 온난화 지수는 메탄가스의 20분의 1, 아산화질소의 370분의 1밖에 안 됩니다. 전체 온실 효과의 5퍼센트만 온실가스의 책임인데, 그중에서 이산화탄소가 다른 것보다 압도적으로 많은 것도 아니라는 뜻입니다.

여기서 한 걸음 더 나가 보겠습니다. 그러면 대기 중에 있는 이산화탄소는 전부 인류가 화석 연료를 때서 나온 것이냐? 그것도 아닙니다. 잘 아시다시피 지구는 지구가 아니라 '수구'입니다. 물이 지표면의 3분의 2를 차지하고 있습니다. 그 물 위로 태양빛이 내리쬐면 물이 기화하면서 저절로 이산화탄소가 나옵니다. 바다가 햇빛을 받을 때 나오는 이산화탄소가 인간이 만들어 내는 이산화탄소의 양보다 월등히 많다는 연구 결과도 있습니다.

저는 인류의 책임을 부정하려는 게 아닙니다. 그럴 생각은 추호도 없습니다. 저는 오히려 정확하게 그 원인을 알고 싶습니다. 그래야 그 책임을 묻든, 안 묻든 할 거 아니겠습니까? 이렇게 따지고 보면 인류의 책임은 수빈이가 말한 것보다 훨씬 작습니다. 사람이 만들어 내는 이산화탄소 중 36퍼센트는 미국에서 나오고, 미국과 중국을 합친 양이 전체의 반이 넘습니다. 그 나머지가 유럽, 일본에서 나옵니다. 저개발국가의 이산화탄소 발생량은 선진국의 20분의 1밖에 안 됩니다. 이 지구에 사는 대다수의 선량한 시민들은 지구 온난화에 대한 심각한 죄책감을 가지지 않아도 됩니다. 그런데 마치 인류 전체의 책임인 것처럼 말하면서 겁을 줍니다. 저는 이 점이 제일 문제라고 생각합니다.

자, 이제 해결책을 말씀드리겠습니다. 수빈이가 말한 대로입니다. 1인당 소비하는 에너지의 양을 줄이면 됩니다. 하루 40,000킬로칼로리라는 에너지 낭비를 하던 것에서, 수천 년 전처럼 하루 5,000킬로칼로리로 양을 줄이면 됩니다. 그건 무슨 말이냐? 바로 문명의 시계를 거꾸로 돌린다는 뜻입니다. 이 문명을 상당 부분 버리고 '자연으로 돌아간' 그런 상태를 말합니다.

선진국들은 이렇게 얘기합니다.

"지금 제일 중요한 것은 지구 온난화를 막는 것이다. 우리가 먼저 솔선수범을 할 테니까 너희도 화석 연료 때지 말고 친환경으로 바꾸자. 이게 지구와 인류 문명을 위하는 길이다."

자, 이 말을 따라야 할까요?

이산화탄소 배출을 줄여야 하는 100년 동안 선진국은 후진국의 어려움을 이해하고, 자신들의 이익을 일부 희생해 가면서 후진국들도 잘살 수 있도록 도울까요? 그런 선진국의 선의를 믿고, 후진국은 선진국과 보조를 맞춰 이 어려움을 감내해야 할까요? 저는 그걸 믿지 못하겠습니다.

지구 온난화뿐만이 아닙니다. 세계는 그동안 선진국들이 제시하는 길을 따라왔습니다. 자유 무역이 중요하다고 하면 자유 무역을 했고, 백신 개발이 중요하다고 하면 백신 개발을 했습니다. 선진국들이 나서서 우리의 갈 길을 정해 주었습니다. 이렇게 하는 게 맞다, 길을 잡아 준 것입니다. 그 결과 어떤 세상이 되었습니까? 잘 알다시피 아프리카 대륙은 19세기보다 빈곤이 더 심해졌습니다. 그 이유가 무엇입니까? 선진국이 아프리카 대륙의 이익을 전부 가져가 버렸기 때문입니다. 중동의 석유를 퍼 가고, 아프리카의 자원을 퍼 가고, 아시아의 노동력을 퍼 가고, 그렇게 해서 만든 것이 현재의 서구 문명입니다. 그런데 이제는 지구 온난화 극복을 얘기합니다. 지구 온난화만 막으면 마치 모든 사람들이 다 잘 살 수 있을 것처럼 말합니다. 우리가 그 말을 믿어야 할까요?

지구 온난화가 문제가 아니라고 말하는 게 아닙니다. 당연히 문제이고, 해결해야 합니다. 하지만 그 과제를 말하기 전에 먼저 선진국이 후진국에게 사과해야 합니다. 지구의 모습을 이렇게 망가뜨린 것에 대해서 사과하고, 아직도 전쟁을 계속하고 있는 것에 대해서 사과하고, 자신들의 이익을 위해 지구촌 전체를 착취해 온 것에 대해서 사과해야 합니다. 그래야 후진국이 자신들의 이익에 '반하는' 지구 온난화의 극복을 위해 뛰어들 수 있습니다. 신뢰가 먼저입니다.

이상이 있고, 현실이 있습니다. 우리가 이상을 모르는 게 아닙니다. 그런데 그동안 선진국들이 가리키는 이상에 너무도 많이 속아 왔습니다. 이제 또 친환경이라는 이상을 위해 우리가 이 지독한 현실을 무시해도 되는 걸까요?

지금은 그런 질문이 필요한 때라고 생각합니다.

필립이의 토론은 반향이 아주 컸다. 그동안 들었던 어떤 내용보다 충격적이고 강렬했다. 게다가 어리숙한 것도 아니었다. 그 작은 숫자들을 어떻게 다 외웠는지 감탄스러울 지경이었다. 자료를 제시하는 데에도 수빈이에게 뒤지지 않았다. 초등학교 때는 공부를 잘하는 아이였다는 게 빈말이 아니었다.

선생님은 잠시 턱을 괴고 아이들의 반응이 잠잠해지기를 기다렸다.

"수빈이는 다수설의 입장에서, 필립이는 소수설의 입장에서 가장 설득력 있는 주장을 해 주었다고 생각합니다. 과연 어느 쪽이 맞는지 통계를 볼까요?"

선생님은 도표 하나를 화면에 띄웠다.

친환경 산업의 효과 분석				
질문	A국		B국	
	2014년	2024년	2014년	2024년
1인당 국민총소득	$42,000	$55,000	$1,800	$1,000
실업률	4%	3.2%	15%	25%
친환경 산업 비중	40%	70%	4%	7%

"A는 선진국이고, B는 개발 도상국입니다. 지난 10년간 두 나라 모두에서 친환경 산업 비중이 늘었습니다. A국은 40퍼센트에서 70퍼센트로 늘었고, B국은 4퍼센트에서 7퍼센트로 늘었습니다. 그런데 그 결과는 아주 다릅니다. A국은 1인당 국민총

소득이 10년간 42,000달러에서 55,000달러로 늘었는데, B국은 1,800달러에서 1,000달러로 오히려 줄었습니다. 실업률도 마찬가지입니다. B국의 실업률은 15퍼센트에서 25퍼센트로 많이 늘었습니다. 무슨 뜻일까요? 국가 간 빈부 차가 더 커진다는 뜻입니다. 앞선 기술을 가진 선진국은 친환경 산업으로 성공적으로 바꿀 수 있지만 개발 도상국은 그게 쉽지 않습니다. 그래서 선진국의 근본적인 태도 변화가 있어야 합니다. 필립이는 그 점을 강조한 겁니다. '코펜하겐 콘센서스(Copenhagen Consensus)'라는 게 있습니다. 2012년 과학자들이 모여서 750억 달러의 기금을 쓴다면 어디에 쓰는 게 가장 좋을지 토론한 결과입니다. 1등은 빈곤 퇴치입니다. 그리고 2등이 말라리아 치료이고, 3등이 어린이에게 백신을 맞히는 겁니다. 그러면 기후 변화 대응은 몇 등일까요? 잘 안 보입니다. 태양광 채집 기술 개발이 겨우 12위에 있을 뿐입니다. 과학자들의 메시지는 간단합니다. 현재 가장 시급한 위기는 지구 온난화가 아니라 가난이라는 것이지요. 자, 여러분의 생각은 어떻습니까?"

지구 온난화라는 문제에서 가장 삐딱한 태도를 취하는 게 바로 인도다. 인도는 탄소 중립을 서두를 생각이 없다. 당장 발전이 먼저이기 때문이다. 그런 인도의 태도에 대해서 우리가 조금이

백신
혐오
불평등
식량
위기
말라리아
치료
전쟁·분쟁
지구
온난화
테러
해일·지진
빈곤
퇴치
해양오염
이상 기후

나마 이해하게 되었다는 것은, 필립이가 이 논쟁에서 뒤지지 않았다는 점을 보여 준다.

게다가 지구 온난화에 대해서 우리가 새롭게 알게 된 것이 있다. 필립이 말대로 탄소 배출이 줄어든다고 해서 지구의 문제가 바로 해결되는 것도 아니다. 그리고 탄소를 발생시킨 책임은 우리가 아닐 수도 있다. 지구 온난화라는 이 '진부한' 쟁점에 대해서 우리가 새로 알게 된 사실이 있다는 것만 봐도 필립이의 토론이 충분히 성공적이었다고 생각한다.

이것이 유명한 수빈-필립 논쟁이다.

나는 그동안 기록원으로서의 역할을 충실히 수행해 왔다. 내 노트에 적혀 있는 지난 토론들을 되짚어 본 적이 있다. 어느 것 하나 기록에서 빼고 싶은 게 없을 만큼 놀라운 것들이었다. 그중에서 필립이의 토론이 단연 최고였다. 내가 편파적으로 필립이의 발표에 지면을 많이 할애한 것도 그 때문이다.

확실히 아이들은 금방 자란다. 키만 크는 게 아니라 생각이나 말투나, 모든 것이 눈부실 만큼 빠르다. 슬픈 열대에 사는 아이들도 마찬가지다. 손색없이 잘 자라고 있다. 무슨 주제를 가져다주어도 나름대로 이야기를 만들어 온다. 그 재주가 수빈이나 은솔이, 현우 못지않다.

조금 있으면 앞자리 친구들 중 몇몇은 과학고로, 외고로, 자사고로 갈 것이고, 나머지는 일반고로 갈 것이다. 그 구별법이 뭔지 모르지 않지만, 나로서는 선뜻 동의하기가 어렵다. 이렇게 똑똑한 아이들이 많은데, 도대체 어른들은 무슨 수로 아이들을 나눠서 데려가겠다는 것일까?

"너는 왜 특목고에 안 가니?"

기분 좋은 저녁을 먹고 난 다음에 엄마가 조심스럽게 물었다. 오래 준비한 물음이지만 일부러 가볍게 던지는 것 같은 그런 말투였다. 나는 또 한바탕 토론이 벌어질 것 같아서 마음을 다잡았다.

"저는 집을 떠나고 싶지 않은데요."

"집에서 다닐 수 있는 곳도 있잖아?"

"너무 경쟁적인 분위기도 싫고요."

"어차피 경쟁 사회인데?"

"대학 갈 때 하면 되죠."

"그때 시작하면 늦지 않겠니?"

"지금도 빠른 건 아니에요. 아직 준비도 덜 되었고요."

"아주 대답이 그럴듯하다. 근데 너는 어째 토론을 하면 할수록 사람이 둥글둥글해지는 게 아니라 삐딱해지니?"

"더 정확해지는 게 아닐까요?"

"됐다. 너하고 내가 무슨 얘기를 하겠니?"

그렇게 또 그날 토론은 아무 결론 없이 끝나고 말았다.

생각해 보면, 엄마는 내가 꼭 특목고에 갈 거라고 생각한 건 아닌 것 같다. 그랬다면 학원 얘기라도 꺼냈을 텐데, 그런 적이 한 번도 없었다. 그러다가 주위 소문을 들었을 거다. 누구누구는 과학고에 간다더라 같은. 거기 내 이름이 있을 리가 없으니까 그게 화가 난 모양이다.

오래 관찰해 온 내 시각에서 볼 때, 우리 반 아이들 모두 무슨 고등학교를 가도 다 잘해 낼 아이들이다. 우열을 가릴 수 없을 만큼 똑똑하다. 누가 더 성적이 좋은지는 당연히 잘 알고 있다. 하지만 성장 가능성이 그 성적과 같을지는 잘 모르겠다. 아이들은 누구도 일반적이지 않다. 다들 너무 특별하다.

그런데도 세상은 전혀 주저하지 않는다. 아이들을 금세 나눈다. 몇 번 시험 본 걸로 애는 과학자, 애는 판·검사, 애는 외국 보낼 애, 애는 취직할 애, 이런 식으로 결론이 난다. 아마도 세상에서 그 정도 '나누기'는 엄청나게 많이 해 본 모양이다. 도무지 까다로워하지 않는다. 다 방법이 있다는 듯이, 별것 아니라는 듯이, 불과 몇 달 만에 아이들은 분류가 완성되었고, 진로가 결정됐다.

나누는 것 자체는 달라진 게 없다. 붙인 이름만 다를 뿐이다.

쇠고기도 예전에는 1등급, 2등급, 3등급으로 나누었다. 그런데 그게 사람들에게는 기분이 좋지 않은 모양이다. 그래서 지금은 명칭을 바꾸었다. 조금 더 듣기 좋게 1^{++}, 1^{+}, 1로 부른다. 우리는 쇠고기처럼 그렇게 등급이 나뉘고 말았다. 나는 끝까지 남아서 아무런 강조 표시 없는 '일'반고로 가게 되었다.

지구의 위기 시계가
밤 9시 47분을 가리키고 있어!

탄소를 줄인다고 해서 모든 문제가
해결되는 것은 아냐.

당장 기후 변화 문제는 나아질 수 있겠지.

나는 선진국들이 더 큰 책임감을
느껴야 한다고 봐.

나는 너 나 할 것 없이
친환경 전환을 서둘러야 한다고 생각해.

다들 하나만 알고 둘은 모르네.
지구 온난화의 주범은 따로 있어!

갈림길에서 선택을 돕는 기준
학교

- 2024학년도 성균관대학교 모의논술 기출문제 참조

학교에서는 그냥 버리는 시간도 적지 않다. 대표적으로 영화 보는 시간이 그렇다. 나름 유명한 영화를 골라 오는데 아쉽게도 다 재미있지는 않다. 그래서 그저 시큰둥하게 쳐다보다가 남은 시간은 창밖을 보면서 때우고 만다.

그런 분위기에서 인생 최고의 영화를 만나는 것은 보통 행운이 아니다. 조잡한 통발에 진주조개가 걸린 느낌이다. 알 파치노 주연의 〈여인의 향기〉 얘기다.

줄거리는 간단하다. 두 눈이 먼 퇴역 중령 프랭크 슬레이드(알 파치노)가 자살하기 위해서 아르바이트생 찰리를 고용한다. 둘이 짧은 뉴욕 여행을 갔는데 슬레이드는 총으로 죽겠다는 심산이었다. 그런데 그 계획에 동원된 찰리는 대학 진학을 앞두고 심각한 고민에 빠졌다. 공부를 잘해서 하버드대학에 갈 실력은 되는데, 마침 친구들이 교장 선생님 몸과 차에 페인트를 뿌린 사건의 목격자가 되었다. 그 친구들 이름을 대지 않으면 학교장 추천서를 받을 수 없고, 결국 하버드대학 가는 걸 포기해야 한다. 여행 내내 찰리는 그 고민과 씨름했다. 그러다가 슬레이드의 자살 시도 장면을 목격한다. 찰리는 슬레이드와의 몸싸움 끝에 총구가 자기 머리를 겨누는데도 결국 슬레이드의 자살을 저지한다. 그렇게 한바탕 소동을 끝내고 뉴욕에서 돌아온 다음 날 찰리에 대한 징계 위원회가 학교에서 열렸다. 슬레이드는 찰리의 대변인 격으로 찰리 옆에 앉았다가 강당에 모인 선생님과 학생들, 징계 위원회 위원들 앞에서 찰리를 위해 변론을 한다. 그 취지는 이렇다.

살다 보면 두 가지 길이 나올 때가 있다. 바로 갈림길이다. 찰리에게 한쪽은 퇴학을 당해서 고향으로 내려가는 길이고, 다른 쪽은 최고의 대학이라는 하버드에 가는 길이다. 단, 조건이 있다. 하버드로 가기 위해서는 친구들 이름을 대야 한다. 이 가운데 찰리는 첫 번째 길을 택했다. 고향으로 가서 하고 싶었던 일과는 상관없이 주유소 기름 넣는 일을 하는 길이다. 이유는 간단하다. 그게 옳다고 믿기 때문이었다. 하버드에 못 가는 한이 있더라도 친구를 팔 수는 없었다. 슬레이드 중령은 이렇게 고백한다.

"살면서 단 한 번의 예외도 없이 나는 늘 알았다, 어떤 게 옳은

길인지. 그런데 나는 한 번도 그 길을 택하지 못했다. 왜? 너무나 어려우니까. 지금 찰리는 자기가 옳다고 생각하는 길을 택했다. 하버드에 가기 위해서 친구를 팔 수는 없기 때문이다. 지금 저 아이도 아주 힘들다. 하지만 힘든 길로 가려고 한다. 그게 바로 품위고, 용기다. 여러분이 지금 찰리를 도와줘야 한다."

그 마지막 말을 할 때 배우 입에서는 침이 튀고 내 몸에서는 소름이 돋았다. 제일 뒷자리에 앉은 내가 영화에 그렇게 몰입하게 될 줄은 상상도 못 했다. 웬만한 일에 꿈쩍도 않는 재우 눈에 눈물이 맺혔다. 재우가 그 정도라면 이건 보통 영화가 아니다.

내가 늘 학교를 생각하면서 아쉬웠던 것도 그것과 비슷하다. "이게 용기고, 이게 품위다."라는 말을 해 주는 사람이 점점 없어진다는 점이다.

학교는 점수를 내고 등급을 매기기 바쁘다. 평가를 하고, 줄을 세우는 게 일이다. 중요한 게 뭔지 말할 겨를도 없고, 생각도 없다. 학생들을 가두었다가 내보내는 역할만 한다. 메시지가 없다. 처음에는 그게 나를 답답하게 했고, 지금은 나를 우울하게 한다.

현우와 은솔이가 토론을 벌이는 날이었다. 그날 철 지난 영화를 떠올린 이유는 순전히 은솔이 때문이었다. 은솔이는 내가 쓴 모든 기록의 주인공 같은 아이다. 그런데 나는 은솔이의 얘기를 들으면서 나이도 전혀 맞지 않고, 생김새도, 이미지도 전혀 딴판인 슬레이드 중령 생각이 났다. 은솔이는 '품위'라는 말도 하지 않았고, '용기'라고 콕 집은 것도 아니었다. 그런데 은솔이의 모습에서 뉴잉글랜드주 베어드 스쿨에서 수많은 아이들 앞에서 연설을 하는 눈 먼 군인의 모습이 겹쳤다. 그리고 그날 토론 이후 은솔이는 내가 '존경하는' 인물의 반열에 올랐다. 그만큼 그 토론에는 내 가슴을 후련하게 하는 무언가가 있었다.

주제는 '평등'이었다. 먼저 현우가 나서서 사회적 불평등을 해소하는 역할을 학교가 해 주어야 한다고 주장했다. 은솔이의 반론만 아니었다면 아주 훌륭한 발표였을 것이다. 우리가 미처 생각하지 못한 점을 정확하게 짚었다. 그런 다음에 은솔이가 '아니다, 학교는 다른 역할이 필요하다.'라는 취지의 주장을 펼쳤다. 그게 나를 순식간에 사로잡았다.

중세에는 우리 같은 청소년을 '작은 어른'이라고 불렀습니다. 어린이가 아니라 어른이라는 거지요. 이유는 간단합니다. 어린아이도 일을 해야 했으니까요. 중세의 생산력은 그야말로 처참했습니다. 보통 농부들은 하루 종일 일을 해도 딱딱한 빵 한 개와 물밖에 먹을 게 없었습니다. 우유라도 한 잔 마시는 것은 명절에나 가능한 일이었고요. 이런 상황에서 어린아이라고 해서 특별 취급을 할 수는 없었습니다. 그래서 똑같이 일을 시켰습니다. 또 그때는 가르칠 것도 별로 없었습니다. 농사 기술 같은 것도 교육 말고 알음알음으로 가르쳤습니다.

그런데 세상이 바뀌면서 아이들에게 가르칠 게 많아집니다. 지식과 정보의 양도 비교할 수 없을 만큼 늘어났습니다. 바로 인쇄술 덕분입니다. 이제는 어른 한 명이 아이 하나를 가르치는 것으로는 어림도 없습니다. 아이들을 모아 놓고 전문적으로 교육을 할 필요가 생겼습니다. 그래서 만들어진 게 학교입니다. 종전에는 도제식(직업 교육 방식)으로 가르치던 것을 이제는 정식 교과 과정을 두어 가르치게 되었습니다. 학교의 기술 전수 기능이 이것입니다. 인류가 지금까지 축적한 문화유산, 예를 들면 지식, 기술, 이론, 규범, 도덕, 예술, 의식, 예절 등을 다음 세대에 전수해야 합니다. 유한한 생명체로서 한 개인의 배움은 그의 생이 마감되는 순간 끝나고 말지만, 학교라는 매개체를 통한 인류의 배움은 그렇게 계속 이어지게 됩니다.

여기에다 현대 사회에서는 아주 중요한 기능 하나가 추가됩니다. 바로 충원(recruiting) 기능입니다. 우리는 다 같이 모여 사는 사회의 구성원이기 때문에 역할 분담이 필요합니다. 누군가는 정치를 해야 하고, 누군가는 장사를 해야 하고, 누군가는 농사를 지어야 합니다. 그렇다면 이런 역할 분담을 어떤 식으로 하면 좋을까요?

그게 바로 학교입니다. 학교가 문화유산 전수의 기능을 수행하면서, 다른 한편으로 문화유산을 잘 전수받은 개인을 '선발'하는 기능을 합니다. 학교는 학생들에게 필요한 다양한 능력을 가르치고, 그 과정에서 점수가 높은 아이들은 좋은 일자리를 얻을 기회를 얻습니다. 이렇게 학교 제도가 공정하게 운영되면 사회적 불평등을 많이 해소할 수 있습니다. 신분이 아니라 능력에 따라 사회 내에서 할 일이 정해지고, 그에 따른 보상이 이루어지니까요. 가난한 집 아이도 얼마든지 좋은 성취를 이뤄서 성공할 수 있습니다. 그것이 바로 학교의 분배 기능입니다.

교육 제도가 제대로 선 나라는, 다시 말해서 교육을 통해서 공정하게 사회적 역할 분담이 이루어지는 나라는 불평등 지수가 낮습니다. 국민 전부에게 공정한 기회가 돌아가고, 그에 대한 보상도 정상적으로 이루어지기 때문입니다.

학교는 이처럼 한편으로는 기술 전수 기능을 하면서, 다른 한편으로는 공정한 충원 기능을 해야 합니다. 학교는 그런 의미에서 앞으로 우리가 무엇을 할지 정하고 배우는 곳입니다. 국가가 막대한 예산을 여기에 투자하는 이유입니다.

현우의 발표는 전형적인 모범생 답안이었다. 꼬집을 부분도 크게 없고, 충분한 설득력도 있었다. 학교에서 공부를 잘하면 좋은 일을 할 수 있고, 그게 사회 전체적으로 보면 불평등을 줄이는 방법이라는 것이다. 아무리 은솔이라고 해도 이런 답안에 대해 반박하기는 쉽지 않겠다는 생각이 들었다. 그런데 은솔이의 토론은 아무도 예상하지 못한 방향으로 흘러갔다.

현우 말이 맞습니다. 저희 부모님 세대나 그 윗세대에는 자수성가한 분들이 많습니다. 시골에서 가난한 농부의 아들로 태어났다는 프로필을 많이 봤을 겁니다. 그때는 학교에서 공부만 잘해도 의사, 판사, 검사가 되어서 부족함 없이 잘살 수 있었습니다. 심지어 부자가 될 수도 있었고, 가문을 일으켜 세울 수 있었습니다. 하지만 우리 세대는 그렇지 않습니다.

이유는 간단합니다. 사교육 없이 학교 교육만으로 제일 높은 자리로 올라가는 게 점점 힘들어지기 때문입니다. 사교육은 돈이 많이 들고, 돈이 없으면 경쟁력 있는 교육을 받기 어렵습니다. 그리고 설령 좋은 교육을 받는다고 해도, 오를 수 있는 위치에 한계가 있습

니다. 그만큼 빈부 차이가 커졌다는 뜻입니다. 학교에서 아무리 잘해도 고액 연봉을 받는 정도에 그칩니다. 그래 봐야 부자들 밑입니다. 교육을 통해서는 예전과 같은 '뒤집기'가 쉽지 않습니다.

충원 기능에 충실한 학교에는 또 다른 문제가 있습니다. 우리가 잘 알고 있는 문제입니다. 학교가 점점 경쟁하는 곳이 된다는 점입니다. 그리고 경쟁에서 이기는 아이도, 경쟁에서 지는 아이도 불행할 수밖에 없습니다. 이기는 아이는 다음 경쟁을 해야 하기 때문에 불행하고, 경쟁에서 진 아이는 이제 더 이상 경쟁할 수 없어서 불행합니다. 누구에게는 여기가 학원이 되고, 누구에게는 여기가 감옥이 되는 이유입니다. 학교라는 제도는 점점 더 이렇게 이상한 모습으로 변해 가고 있습니다.

하지만 저는 학교에 중요한 기능이 하나 더 있다고 믿습니다. 지금은 거의 잊힌 기능입니다. 저는 그걸 여러분과 같이 생각해 보고자 합니다. 원래 학교는 무얼 하는 곳이었을까요?

우리가 학교라고 부르는 '스쿨(school)'은 '스콜라(schola)'라는 그리스어에서 온 것이고, 스콜라는 '스콜레(schole)'라고 하는 단어에서 온 것입니다. 스콜레는 무엇이냐? 바로 '여유'라는 뜻입니다. 학교는 원래 여유 있는 사람이 오던 곳입니다. 시간 남는 사람이 소일하러 오던 곳이 학교입니다. 그래서 그리스에서는 일해야 하는 노예는 학교에 못 다녔습니다. 시간 많은 사람만 다녔습니다. 시간 많은 사람들이 와서 뭘 했느냐? 바로 연구를 했습니다. 특히 먹고사는 것과 아무런 상관없는 '연구'를 했습니다. 지구와 태양까지의 거리를 재고, 고차원의 수학 문제를 풀고, 현실과 이상과 같은 온갖 철학적인 문제를 고민하고, 심지어 신이 있느니, 없느니 하는 그야말로 쓸데없는 연구를 했습니다.

이렇게 만들어진 학교는 없어진 적이 없습니다. 아니, 시간이 흐르면서 노예도, 농노도, 부잣집 아들도 다 같이 다니는 학교로 확대되었습니다.

왜 그럴까요? 먹고사는 데 아무런 도움도 되지 않는 이 공부를 어른들은 왜 시키고, 우리는 왜 해야 할까요? 왜 어른들은 먹을 것도 없던 시절에 학교를 만들어서 아이들을 학교에 보냈을까요? 우리는 왜 서당에서 옛날 책을 읽으면서 공자와 맹자를 읊었을까요? 도대체 그 이유가 뭘까요?

그게 바로 사람이 되는 길이기 때문입니다. 몸만 커진다고 사람이 되는 게 아닙니다. 사람은 배워야 할 게 많습니다. 그걸 그리스어로 비르투스(virtues), '덕목'이라고 합니다. 용기나 관용 등 사람으로서 갖춰야 할 품성 같은 것입니다. 밥벌이나 돈벌이와 아무 상관도 없습니다. 직업하고도 아무 상관이 없습니다. 부잣집 아이들도, 가난한 집 아이들도 같이 와서 배워야 합니다. 사람이 되기 위해서 배워야 합니다. 우리는 사람이 되기 전에, 아직 배워야 할 게 많습니다.

　영국 철학자 마이클 오크숏의 글 중 한 구절을 그대로 읽어 드리겠습니다.

나는 어니스트 바커가 그의 자서전에서 말한 다음과 같은 구절을 잊을 수 없다. "내가 살던 오두막집을 나가면 내가 다니던 학교 말고는 아무것도 없었다. 그러나 학교가 있는 한 나에게는 모든 것이 있었다." 바로 거기, 그 학교에서, 아이가 태어난 곳, 태어난 시대의 좁은 경계는 허물어지고 그것과는 전혀 다른 세계가 전개되었다. (중략) 잉크 묻은 손으로 책가방을 열고 숙제를 하려고 할 때, 그 아이는 삼천 년 동안 인간의 지적 모험이 겪은 온갖 행운과 불운을 마주 대하는 것이었다. 욥이 겪은 고난, 달빛을 가르며 소리 없이 테네도스를 떠나는 선박, 셰익스피어와 라신의 희곡이 보여 주는 인간 조건의 공포와 얽힘과 연민, 또는 물의 화학적 성분 등등이 그에게, 또는 와바쉬의 강변에서, 컴벌랜드의 언덕에서, 드레스덴의 교외에서, 나폴리의 빈민가에서 태어난 그에게 도대체 무슨 상관이 있는가 하는 것은 물을 엄두조차 내지 못했다.

　오크숏이 보기에 학교는 서양의 수도원이나 동양의 사원처럼 세상과 격리된 곳입니다. 학교에서 세상의 기준은 필요 없습니다.

독일에서 왔든, 나폴리 빈민가에서 왔든 상관이 없습니다. 지금 이 곳 학교는 사람들이 사는 그곳과 아무 상관이 없습니다. 그런데 왜 요? 왜 여기 왔을까요? 우리는 왜 여기 있을까요? 여기서 뭘 하는 데요?

학교는 꿈꾸는 곳입니다. 우리의 운동장이고, 실험실입니다. 우 리 모두가 거쳐 가야 할 정원입니다. 여기서 우리는 뉴턴의 '만유인 력'의 법칙, 아르키메데스의 '부력'의 원리, 미켈란젤로의 '천지창 조', 모세의 '출애굽' 등을 배웁니다. 의사가 되려고 배우는 게 아닙 니다. 판검사가 되고, 대기업에 취직하려고 배우는 게 아닙니다. 사 람이 되려고 배우는 겁니다. 꿈꾸기 위해서 배우는 겁니다.

그중에 많은 이들은 이런 배움을 꿈꾸거나 실천하는 것과는 동 떨어져서 살게 됩니다. 뭘 하고 살지 모릅니다. 하지만 이 작은 기 억이 그곳에서 우리의 삶을 아주 오래도록 풍요롭게 할 것입니다. 부자로 살든, 가난한 사람으로 살든, 그것이 우리를 이 험난한 삶에 서도 건강하게, 겸손하게, 행복하게 해 줄 것입니다.

하버드대학의 교육 목표는 이 하버드의 모든 학생이 인류의 위 대한 텍스트를 읽고 해석할 수 있게 하는 것이라고 합니다. 저는 우 리 학교도 그런 곳이라고 생각합니다.

아마도 그놈의 '하버드대학' 때문이었던 것 같다. 내가 거의 상극에 가까운 슬레이드 중령과 은솔이를 비교하게 된 이유가 말이다. 은솔이의 발표에 이어서 선생님이 도표 하나를 보여 주는 동안 나는 받아 적을 생각도 없이 멍하니 앉아 있었다. 그러다가 정신을 차려 보니 선생님은 은솔이의 주장과 크게 다를 바 없는 글을 읽고 있었다.

"학교에는 이미 바깥세상의 온갖 급박한 문제들이 비집고 들어와 아이들이 숨을 쉬지 못할 만큼 꽉 채워져 있다. 그래서 학교는 이미 '격리와 초월'의 기능을 하지 못한 지 오래다. 비록 원론적인 입장이겠지만 이러한 학교의 위기를 극복하는 근본적인 방안 중의 하나는 '기본으로 돌아가는 것', 즉 학교의 원래 근본 취지를 되살리는 것일 것이다."

며칠이 지났다. 학년 마지막 수업이었다. 수업이 끝나고 다들 특별히 할 게 없어 선생님이 오기를 기다리고 있었다. 상수는 거울을 보면서 춤 연습을 하고 있었고, 재우는 마침 자리에 없었다. 그때 어디서 나타났는지 은솔이가 재우 자리, 그러니까 내 옆자리로 와서 슬며시 앉았다.

"안녕."

은솔이는 한 번도 나를 알은척한 적이 없다. 지난 3년간 나는 은솔이에게 철저한 왕따였다. 그런데 우리가 이제 다시는 안 봐도 되는 마지막 순간에 은솔이가 내 자리까지 와서 알은척을 했다.

"어디로 가? 중앙고?"

은솔이가 내게 물었다.

"응. 거기가 1지망인데, 모르지, 뭐."

나는 대꾸를 하면서 '참, 대답이 더럽게 멋도 없네.'라는 생각을 했다. 머릿속에서 하고 싶은 다른 말이 떠오르는 것은 늘 말을 뱉고 난 다음이다. 그것 때문에 나는 또 움츠러들고, 어색한 침묵이 흘렀다. 내가 다시 고개를 창 쪽으로 돌리려고 할 때였다. 묻지도 않았는데, 은솔이가 먼저 대답하듯이 말했다.

"나는 과학고 가. 화학 전공하려고."

"뭐?"

"화학과 간다고."

"의대 안 가고?"

은솔이가 의대가 아니라 화학과에 간다는 것이 나로서는 도무지 이해가 되지 않았다. 나는 정면으로 은솔이의 얼굴을 마주 보았다. 은솔이 뒤로 춤추는 상우의 모습이 어른거렸다.

"방향은 밑으로 정하는 거라며?"

은솔이는 그렇게 말하면서 살짝 웃었다. 내가 지난여름에 했던 말이었다. 나는 그게 은솔이의 진로를 바꾸게 될지 상상도 못했다. 아니, 나 아니라 누구도 은솔이의 그 결정은 이해할 수 없을 것이다. 당장 하버드 의대에 갖다 놓아도 수석을 할 수 있는 아이가 화학과라니! 내 일도 아닌데 덜컥 겁이 날 지경이었다.

"부모님이 뭐라고 안 그러셔?"

"아직 말씀 안 드렸지."

안달하는 나와 달리 은솔이는 너무나 태연해 보였다.

"어떤 연극 배우가 그러더라고. 설득은 천천히 오래 하는 거라고."

그렇게 말하면서 은솔이는 달관한 도사처럼 웃었다. 은솔이는 할 말이 끝났다는 듯이 자리에서 일어났다. 그러고는 고개를 반쯤 내게 돌리면서 이렇게 말했다.

"고마웠다, 물리학자. 대학 가서 보자."

은솔이는 그 말을 남기고 성큼성큼 자기 자리로 갔고, 짧은 선생님 말이 끝나자 금세 앞문으로 사라져 버렸다.

'대학 가서 보자.'는 말이 종소리처럼 머릿속에 파문을 만들어 갔다.

나는 오래도록 여기 기록석에 앉아 있었다. 처음 볼 때 쭈뼛쭈뼛하던 아이들이 하나둘씩 교단으로 올라와 누구는 칠판에 숫자를 쓰고, 누구는 프로젝터를 켜고, 누구는 동영상을 올리고, 누구는 도표를 띄우면서 발표를 준비했다. 나는 그 아이들을 아주 여러 군데서 본 적이 있다.

24시간 무인 카페에서도 보았고, 관리형 독서실 휴게실에서도 보았고, 작은 도서관에서도 보았고, 심지어 밤늦은 공원길에서도 보았다. 아이들은 서로 의견을 나누고 있었고, 책을 읽고 있었고, 태블릿을 들여다보면서 열심히 길을 찾고 있었다. 그러면 또 어김없이 다음 날 혹은 그다음 날, 아이들의 발표가 시작되었다.

지금 내가 여기 순서대로 적은 것과 같이, 하나같이 놀라운 기록이었다.

나는 펜타닐의 약효가 그렇게 센지 몰랐고, 명예 훈장도 거절한 사람들이 있는지 몰랐고, 대공황 때 아이들 비만이 시작된 것도 몰랐고, 자연 도태 이론이 다윈이 만든 게 아니라는 것도 몰랐고, 지구 온난화가 모두의 잘못이 아닐 수 있다는 사실도 몰랐고, 레닌그라드 하늘에 쇼스타코비치의 음악이 울려 퍼진 것도 몰랐다. 여기 다 적지는 못했지만 그 수많은 텍스트에 나오는 영광의 장면들을 바보처럼 알지 못했다. 그런데 어디서 찾아왔는지 아이들은 오래된 기록을 들춰 보면서, 내 진부한 상식을 뒤집는 깨달음을 발표 때마다 잔뜩 뿌려 주었다.

어느 날 광장에서 남쪽 출입구를 바라보고 있으면 아이들이 하나씩 걸어오면서 점점 자라서 이쪽 출입구 근처에 이르러 훨훨 날아가는 상상에 젖곤 했다. 애니메이션 영화에나 나올 법한 일이었다. 나만 혼자 이 자리에 남아 있고, 아이들은 저마다 짝을 이루어 까치처럼, 거위처럼, 큰고래처럼, 푸르른 하늘로 올라갔다. 사람들이 오래도록 수군대며 말하던 이데아를 만나고, 창조주를 만나고, 원칙을 만나고, 진리를 만나고 오는 것 같았다. 그것도 가장 가벼운 걸음으로, 게임에서 화살을 쏘듯이 경쾌하고 날렵하게, 인류의 가장 위대한 텍스트 속을 웃으면서 여행하고는 사뿐사뿐 내려오고 있었다.

나는 구경꾼에 불과하다. 나는 들은 걸 적을 뿐이고, 나는 여기서 아무것도 아니다. 나는 경쟁에서 이겨 본 적도 없고, 이길 엄두도 내지 않는다. 나는 그냥 꿈꾸는 학생일 뿐이다. 은솔이를 대학에서도, 다른 어디에서도 다시 못 만날 것이다. 그래도 너무 잘 배웠고, 너무 고마웠다. 내가 세상에 나가서 무얼 하며 살든 간에, 지금 여기 '격리'되어 살았던 이 '찬란한 탐구'의 시간을 잊지 못할 것이다. 그게 내 삶에 쌀 한 톨 가져다주는 것이 아닐지라도, 그래서 많은 사람들이 너는 왜 쓸데없는 고민을 하고 있느냐 핀잔을 줄지라도, 나는 한때나마 가장 위대한 인류의 발자취를 추적하던 이 시간을 잊지 못할 것이다.

아이들은 속속 떠나고, 선생님과의 인사도 마치고, 이 기록을 접어야 할 시간이 되었다. 주연도, 조연도 아닌 내 마지막 임무는

이 교실의 문을 닫는 것이다. 나는 천천히 온기가 식어 가는 교실을 가로질러 뒷문 바로 옆 스위치에 손을 올렸다. 야구장 불이 꺼지듯이 앞에서부터 차례로 어둠이 내렸다.

책가방을 한 번 추키고 나는 단봉낙타처럼 사막 같은 운동장을 가로질렀다.

교문을 나설 때쯤 아이들은 왼쪽, 오른쪽으로 뿔뿔이 떠나고 나 혼자 다시 갈림길에 섰다. 하지만 나는 이제 두렵지 않다. 슬프거나 외롭지 않다. 느리고 먼 삶을 걸어갈지라도 머뭇거림만 없다면 그다지 힘들 것 같지도 않다.

나만의 갈림길 대처법이 있다.

애들이 그랬다.

'헷갈릴 때는 덜 붐비는 쪽!'이라고.

그게 심지어 사막으로 가는 길이라고 해도.

같은 생각 다른 생각

학교는 사회에서 필요한 인력을 충원하는 역할을 해.

그건 학교의 역할이지 목적이 아니야.

학교에 무슨 목적이 있어?
학교는 기관이고 제도일 뿐이야.

학교는 탐구를 하는 곳이야.
그래야 사람이 완성되거든.

학교에 너무 많은 걸 바라는 건 아닐까?

생각이 많은 10대를 위한

토론 배틀
논술 배틀

초판 1쇄 인쇄 2025년 6월 5일
초판 1쇄 발행 2025년 6월 16일

글 | 김희균
그림 | 정민영
펴낸이 | 한순 이희섭
펴낸곳 | (주)도서출판 나무생각
편집 | 양미애 백모란
디자인 | 박민선
마케팅 | 이재석
출판등록 | 1999년 8월 19일 제1999-000112호
주소 | 서울특별시 마포구 월드컵로 70-4(서교동) 1F
전화 | 02)334-3339, 3308
팩스 | 02)334-3318
이메일 | book@namubook.co.kr
홈페이지 | www.namubook.co.kr
블로그 | blog.naver.com/tree3339

ISBN 979-11-6218-354-0 43300